국내외 주요인물 등 1천인(人) 논리공식

뇌섹남 이야기 ①

문성규 지음

머리말

'뇌섹남 이야기'는 현실에서 자주 활용되는 논리들을 쉽고 재미있게 엮은 책입니다. 실제 사례를 중심으로 일상의 논리를 소개한 책입니다. 이 책에는 취재 현장과 신문·방송에서 접한 주요 인사, 주위 인물들의 말과 글, 연설, 주장, 행위 등을 기초로 한 논리들이 담겨져 있습니다. 이 논리들은 한편으로는 평범해 보이기도 하고, 또다른 한편으로는 무릎을 칠 정도로 번뜩이는 논리일 수도 있습니다.

책은 '전략 관계 논술 조직 센스 싸움 인식 비즈'라는 8개 카테고리로 구성되어 있습니다. 각 카테고리의 세부 항목에는 여러 논리들이 구체적이고 다양한 사례와 함께 소개되어 있습니다. 일부 사례는 '계책'으로 비쳐질 수 있지만, 일상에서 상시적으로 활용되고 목격할 수 있는 사례이기에 함께 담았습니다.

특히 표지와 각 항목에는 이미지를 수록했습니다. 논리와 논술, 글쓰기가 일상의 기본으로 여겨지지만 늘 딱딱하게 다가오는 게 현실입니다. 그래서 다양한 논리를 재미있게 접할 수 있는 방법의 일환으로 이미지를 넣었습니다.

이미지는 색칠, 그리고 글은 습작의 수단이 될 수도 있다고 봅니다. 색칠과 습작은 각 논리의 핵심을 단박에 독자의 '것'으로 만들 수 있을 것으로 기대됩니다. 책 앞표지 뒷면에 '_____님 이야기'라는 문구를 넣은 것도 이 때문입니다. 독자들께서 자유자재로 논리를 활용하거나 변형하고, 주위 사람들의 논리를 이해하고 간파하는 수단으로 이 책을 활용할 수 있을 것으로 생각합니다.

이 책에 사용된 모든 이미지는 세계적 디자인회사인 프리픽(designed by Freepik.com)에서 제공된 것입니다. 이미지 사용을 허락해준 프리픽(www.freepik.com)사에 깊은 감사의 뜻을 표합니다. 프리픽은 스페인 남부 말라가에 본사를 두고 있으며, 이 도시는 현대미술의 거장 파블로 피카소의 고향으로 알려져 있습니다.

그리고 '뇌섹남'은 "뇌가 섹시한 남자"로 통상 알려져 있지만 이 책에는 "뇌가 섹시한 남(자기 이외의 다른 사람)"이라는 의미도 가미됐습니다. 곧, 남성 뿐만 아니라 여성들의 논리도 포함되어 있습니다. '뇌섹남 이야기'의 일부 콘텐츠는 지난해 출간된 '이념을 넘어 이성의 시대로'라는 책에 소개되기도 했습니다.

끝으로, 21세기 산업혁명으로 일컬어지는 지식혁명 시대에 이 책이 독자 여러분들에게 쓸모 있는 '소품'이 될 수 있기를 희망합니다.

2015년 8월
문성규

CONTENTS

CHAPTER 01 전략

01 우선순위 정하기 • 10
02 꼼수와 노림수 • 12
03 리듬 타기 • 14
04 '인기 확보' 방법론 • 16
05 두 마리 토끼 잡기 • 18
06 언론 플레이 • 20
07 대의 내세우기 • 22
08 꽃놀이패 • 24
09 스토리 만들기 • 26
10 변수 챙기기 • 28
11 투트랙 확보하기 • 30
12 '부족한 2%' 채우기 • 32
13 '마중물' 넣어 주기 • 34
14 불쏘시개 활용하기 • 36
15 군불 때기 • 38
16 논란 만들기 • 40
17 '내숭'의 목적성 • 42

CHAPTER 02 관계

01 동기 부여하기 • 46
02 '부차적 이유' 활용하기 • 48
03 주눅 들이기 • 50
04 사교 스킬 • 52
05 '리트머스 시험지' • 54
06 '대놓고' 하기 • 56
07 계기 만들기 • 58
08 '같은 듯 다른 듯' • 60
09 '감동' 마케팅 • 62
10 선 긋기 • 64
11 '탄력' 대응 • 66
12 간 보기 • 68
13 명분 쌓기 • 70
14 '으름장' 놓기 • 72
15 어루만져주기 • 74
16 '선물'의 정치학 • 76
17 '잘못된 신호' 안 주기 • 78

CHAPTER 03 논술

01 반전 가하기 • 82
02 과거사 치부하기 • 84
03 3인칭화 하기 • 86
04 '특징' 짓기 • 88
05 신조어 챙기기 • 90
06 '형님 먼저, 아우 먼저' • 92
07 '산뜻'한 표현 • 94
08 쏘아붙이기 • 96
09 '비판' 뒤집기 • 98
10 '처음' 애용하기 • 100
11 접두어 '힘' • 102
12 숫자로 설명하기 • 104
13 전제 깔아 주기 • 106
14 현재·과거 문장 바꿔치기 • 108
15 '비유'의 마법 • 110
16 '오히려' 넣어 주기 • 112
17 단어 반복하기 • 114

CHAPTER 04 조직

01 '2인자' 처신 • 118
02 '모르는 척'하는 센스 • 120
03 인사 불만 달래기 • 122
04 '상사 때리기' 간파하기 • 124
05 걸치기 • 126
06 카리스마 만들기 • 128
07 조직 논리 헤아리기 • 130
08 싸움 붙이기 • 132
09 부족한 사람 선택하기 • 134
10 휘어잡기 • 136
11 거리 두기 • 138
12 요주의 인물 걸러 내기 • 140
13 꼬리 자르기 • 142
14 군기 잡기 • 144
15 '승자의 저주' 피하기 • 146
16 어려울 때 도와주기 • 148
17 '뻗대는 사람' 끌어안기 • 150

CHAPTER 05 센스

01 '분할'의 정치학 • 154
02 자가 발전 • 156
03 뺨 때리도록 만들기 • 158
04 '재량' 개입 • 160
05 '피해 사례' 드러내기 • 162
06 편승하기 • 164
07 양쪽 거짓말 • 166
08 궤변 • 168
09 '귀가 즐거운' 코멘트 • 170
10 눈치 보기 • 172
11 '척척척' • 174
12 확률로 보기 • 176
13 롤러코스터 인식하기 • 178
14 물음표 달기 • 180
15 배짱 전술 • 182
16 '뒤통수 때리기' 간파 • 184
17 발 빼기 • 186

CHAPTER 06 싸움

01 '협상'의 기술 • 190
02 프레임 던지기 • 192
03 권력 생리 • 194
04 매파·비둘기파 나누기 • 196
05 디테일 따지기 • 198
06 시간 끌기 • 200
07 마녀 사냥 • 202
08 '적' 분열시키기 • 204
09 칼 쥐고 있기 • 206
10 분리 대응 • 208
11 '성동격서' • 210
12 발목 잡기 • 212
13 정글 인식하기 • 214
14 연막 피우기 • 216
15 전선 줄이기 • 218
16 기습 • 220

CHAPTER 07 인식

- 01 복기하기 • 224
- 02 용도 분석하기 • 226
- 03 낭만적 생각 안 빠지기 • 228
- 04 스스로 상처 내지 않기 • 230
- 05 똑같이 긴장하는 것 꿰뚫기 • 232
- 06 '원 오브 뎀' 치부하기 • 234
- 07 '또' 달아 주기 • 236
- 08 '불편한 진실' • 238
- 09 '발등은 믿는 도끼' • 240
- 10 퍼센트로 분석하기 • 242
- 11 주기 파악하기 • 244
- 12 '왜왜왜' 따지기 • 246
- 13 '로또' 인식 • 248
- 14 양날의 칼 • 250
- 15 교차 확인하기 • 252
- 16 반대로 해석하기 • 254

CHAPTER 08 비즈

- 01 '반대 급부' 군침 • 258
- 02 존재감 과시하기 • 260
- 03 '영업 비밀' 숨기기 • 262
- 04 '온라인' 홍보·마케팅 • 264
- 05 '비즈니스=논리' • 266
- 06 미끼 던지기 • 268
- 07 '계약서는 종잇장(?)' • 270
- 08 '엄살'의 경제학 • 272
- 09 '기브 앤 테이크' • 274
- 10 '환심' 사기 • 276
- 11 '갑·을' 역전 • 278
- 12 '공짜 점심은 없어' • 280
- 13 자기 장사와 자기 정치 • 282
- 14 몸값 높이기 • 284
- 15 '과잉' 표현 • 286
- 16 '부풀리기' 판단 • 288

CHAPTER_01
전략

Section_01
우선순위 정하기

선택과 집중 _ '타깃 하나하나 넘겨'

한 언론인은 하루 중 집중해서 해야 할 일이 무엇인지를 아침나절이나 출근길에 1~2개 추린 뒤 종일 이 일에 집중하고 전력을 쏟는다. 나머지는 대충대충 처리한다. 그 후 퇴근길이나 잠자리에 누워서 아침에 다짐한 일이 제대로 처리됐는지 점검한다. 이러한 일상이 습관화됐다.

'선택과 집중의 묘'를 살리는 것이다. 사업이나 일 따위에 우선순위를 정하고 시간과 정신력, 체력 등을 집중적으로 투입하는 것이다. 이 기법을 하루 단위에서 1주, 한 달, 1년, 3~4년 단위로 확장할 수 있다. 점검도 오전, 오후, 밤 등 여러 차례로 확대할 수 있다.

• • •

대학생은 공부, 취업 준비, 취미 생활 등으로 대주제를 정할 수 있다. 공부는 역사나 문학, 취업 준비는 영어회화나 프리젠테이션 연습, 취미는 바둑이나 등산 등으로 소주제를 구체적으로 선택해서 집중할 수 있다. 하루나 1주일 혹은 한 달 단위로 타깃(목표)을 설정하고 군대 소총수가 사격장에서 타깃을 넘어뜨리 듯 하나하나 넘길 수 있다. 그 성과는 자산이 된다.

　기업과 기관·단체에도 이러한 방식을 적용할 수 있다. 지도자와 리더는 조직의 명운과 직결된 결정적인 일에 관심을 쏟고 승부를 집중하는 것이다. 핵심 사안만 잘 관리하면 모든 게 잘 풀리는 것이다.

Section_02
꼼수와 노림수

상대방 위하고 양보하는 척하며 실익 챙겨 _ '일상 횡행'

어느 음식점에서 고기와 야채 300원 어치를 더 얹어주고 음식값을 1000원 인상했다. 손님들에게는 "고객의 건강을 위해 고기와 야채를 더 넣는 바람에 음식값을 올렸다"고 선전한다. 이때 음식점 업주는 '꼼수'를 썼다는 지적을 받을 수 있다. 상대방을 위해주는 척 하면서 실제로는 자신의 영리를 추구한 것이니까.

신용카드나 체크카드를 바꾸라는 전화를 받을 때가 있다. 고객에게는 새로 나온 카드가 더 좋다고 하지만 실제 사용해보면 할인액이 줄어 예전에 사용한 카드가 더 좋을 때가 있다. 해당 직원이 고객을 위하는 척 하면서 자기 회사의 영업이익을 위해 '꼼수'를 쓴 것이다.

· · ·

고등학교 동기회 술자리에서 한 친구가 "다음번에는 근사한 곳에서 밥과 술을 사겠다"고 다짐했다. 그 후 약속된 모임에는 평소보다 많은 친구들이 참석했다. 실제로 이 친구는 밥과 술을 사면서 자신의 보험 영업이 큰 어려움에 처했다고 털어났다. 이에 친구들은 적은 금액으로나마 보험에 가입했다. 식사 자리가 '노림수'가 된 것이다.

• • •

일상에서 '얕은 수'라고 하는 꼼수와 노림수다. 꼼수는 단기, 노림수는 비교적 중·장기적인 상황에서 사용된다. 꼼수와 노림수가 일상의 모든 면에서 횡행하는 게 현실이다. 하지만 '약은 쥐가 밤눈 어둡다'는 속담이 있듯 때로는 진실·진솔한 대응이 최고의 비책일 수 있다.

'조삼모사'라는 말을 많이들 쓴다. 원숭이에게 도토리를 아침에 3개 주고 저녁에 4개 주는 것이나 아침에 4개 주고 저녁에 3개 주는 것은 결과적으로는 똑같다. 하지만 원숭이 주인은 아침에 4개를 주면서 환심을 사고, 원숭이도 아침에 4개를 주면 더 좋아한단다. 상대방이 꼼수와 노림수를 쓰더라도 이를 분별하고 넘어가지 않는 게 중요하다. 때로는 정치권에서 시민이나 국민을 위하는 척하면서 자기 정파의 이익을 추구하는 세력도 있다. 이것 역시 꼼수다.

Section_03
리듬 타기

상황 길게 보고 '레이스'_ 장기적 실익 '극대화'

정치인들은 장기적인 정치 일정을 가늠해 본다. 예를 들어 "5~6월에는 노동계 하투(夏鬪) 예상되고 7~8월은 휴가시즌이다. 9~10월에는 국정감사가 진행되고 정기국회가 열린다. 11~12월에는 예산안을 심의하고 통과시킨다. 이듬해 1~2월에는 신년 정책을 발표하고 3~4월 총선에 집중하면 지지율이 충분히 나올 것이다"라는 방식으로 리듬을 타는 것이다.

대선 레이스에서는 연초부터 연말까지 기간을 설정한 뒤 지지율을 낮췄다가 올릴 수 있고 고공 행진을 할 수도 있다. 또 올해 총선이나 지방선거가 있고 내년에 대선이 있으면 대선을 염두에 두고 총선·지방선거의 성적표를 만들 수 있다. 어느 시기에는 민심이 여야를 번갈아가며 선택하고 어느 시기는 연달아 한 쪽을 택한다. 형세를 보고 부드럽게 흐름을 타야 하는 것이다.

• • •

　상황을 길게 보고 장기 레이스를 한다는 기분으로 일상에 임하는 논리다. 장기적으로 변수를 점검해서 유·불리 사안을 판단하고 이익(명분)을 극대화 하는 것이다. 예컨대 조직이나 직장 생활, 가정 운영, 자녀 양육과 관련해 1주일 단위로 계획을 세울 수 있다. 직장인은 월요일부터 금요일까지 업무에 집중하고 토요일과 일요일에 휴식을 취한다. 목요일 오후에는 주말 계획을 세워서 휴일을 알차게 보내고 일요일 오후에는 다가오는 한 주의 구상을 가다듬을 수 있다.

• • •

　학생들은 봄에는 체력 단련에 집중하고 여름방학에는 보충 학습과 취미 활동에 열중한 뒤 가을에는 전공 공부를 열심히 하고 크리스마스와 새해를 맞겠다는 식으로 리듬을 탈 수 있다. 하루 일과도 낮에는 어떠한 일에 집중한 뒤 저녁에는 어떤 일을 하겠다는 식으로 단순하게 리듬을 탈 수 있다. 자녀에게는 과목별 방과 후 수업이나 취미생활, 휴식을 요일별로 적절히 배치해줄 수 있다. 생체 리듬도 긴장할 때와 풀어줄 때, 재충전할 때 등으로 조절할 수 있다. 이를 한 달, 1년, 2~3년 단위로 확대해 리듬을 탈 수도 있다.

Section_ 04
'인기 확보' 방법론

'다 좋아'라고 하기도 _ 포용하면서 자기세력 확대

"엄마가 좋아? 아빠가 좋아?" 유아들은 엄마가 좋으냐, 아빠가 좋으냐는 질문을 수도 없이 듣는다. 초기에는 "엄마가 좋아"라고 답한다. 그럴 때마다 아빠의 얼굴이 찌그러지고 아빠의 애정이 식는 걸 느낀다. 그러면 꾀를 내 "다 좋아"라고 답한다.

・・・

서울 출신의 어느 정치인은 부산에 가면 "경상도 사투리 참 듣기 좋아요"라고 말하고 광주에 가면 "전라도 사투리 너무 구수해요"라고 한다. 전국적 인물로 성장하기 위한 정치인뿐만 아니라 일반인도 유용하게 사용할 수 있는 화법이다. "다 좋아"라고 하는 것이 자신에게 도움이 되기 때문이다.

상사가 부하 직원을 거느릴 때 "김과장의 주장도 옳고 이과장의 주장도 일리가 있고 박과장의 주장도 나쁘지 않다"라고 얘기하기도 한다. 사안 자체가 한 사람을 배척할 정도로 중요하지 않으면 이러한 화법을 쓴다.

그럼으로써 모두에게서 인기를 끌 수 있고 당사자들의 업무에 대한 열정도 이끌어낼 수 있다.

∙ ∙ ∙

공인들은 공식석상에서 "좋다"는 말밖에 하지 않는 경향이 있다. "싫다"라고 하거나 "좋지 않다"라는 표현을 가급적 하지 않는다. 뜻하지 않게 반대자(안티 세력)를 만들 수 있기 때문이다. 여러 직장인들은 업무처리 과정 등에서 수용하는 듯한 태도를 보이면서 자기 세력을 조금씩 넓혀가기도 한다.

Section_05
두 마리 토끼 잡기

곳에 따라 상황이 요구하는 언행 _ '목적 달성·실익 충족'

어느 언론사 간부는 신문 제작 시에는 자사의 논조에 충실하게 좌우 전선을 명확하게 구분한다. 하지만 여러 언론사에 재직하고 있는 고교 동문 선후배들이 참석한 자리에서는 "좌가 어디 있고, 우가 어디 있느냐. 언론계는 하나이고 사실(팩트) 전달에 충실해야 하고 팩트로 경쟁을 해야 한다"고 단합을 강조한다.

• • •

정치인은 어떤 법률안이 사회적으로 찬반이 뚜렷하게 갈릴 때 양면적 모습을 취하기도 한다. 이 안을 찬성하는 집회에서는 반대 단체의 언행을 강력 성토한다. 다른 장소에서 열린 기자간담회에서는 "(법률안에) 의견이 달라도 국력을 모으는 지혜를 발휘해야 한다"고 점잖게 얘기하기도 한다. 곳에 따라 '강약'을 조절한 필요한 언행을 함으로써 자신의 몸값을 높이는 것이다.

국제간 협상에서도 같은 방법이 적용된다. 다자간 회의에서 한 국가가 여러 국가와 대화를 하면서 특정 사안과 관련, '방점(중요하게 강조하는 점)'을 나라별로 다른 곳에 찍을 수 있다. 이 국가는 6개국 회의라고 하면 대화 상대인 5개 국가별로 강조점을 달리 말하는 것이다. 자국의 국익을 극대화하기 위해서다.

일례로 기업체 간부가 기자들과의 사적인 자리에서는 정부의 특정 정책을 비판하면서 (기사로 쓸만한) 비판 거리를 제공한다. 하지만 정부 정책당국자의 간담회에서는 기자들의 기사를 비판하고 정부 정책을 옹호하면서 불이익을 받지 않는다. 양쪽을 모두 만족시키며 자신의 이익을 챙기는 것이다. 다소 바람직하지 않은 형태의 '두 마리 토끼 잡기' 전술이다. 이러한 언행이 되풀이되면 신뢰를 잃을 수 있다.

Section_06
언론 플레이

국내 · 국제여론 의식한 행동 _ '호의적 환경 조성 목적'

　검찰·경찰을 포함해 공신력을 중시하는 기관에서는 내부 비리나 문책 사항, 부실한 감사나 수사 결과 등을 금요일 오후에 언론에 공개하기도 한다. 금요일에는 공개될 수밖에 없는 불리한 자료를 '버리 듯' 내보낸다. 토요일에는 신문이 발행되지만 직장인 대부분이 쉬기에 신문을 잘 읽지 않는다는 것을 노린 것이다. 이를 두고 언론플레이를 한다고 한다.

　언론플레이는 국민이나 시민, 국내여론이나 국제여론을 의식해 선량한 척, 착한 척, 옳은 척, 바른 척 하면서 자신의 실리를 추구하는 전략이다. 거꾸로 뒤집으면 선량하지 않은 모습, 바르지 않은 모습을 보여 주지 않거나 적게 보여줌으로써 손해나 손실, 이미지 훼손을 막는 것이다. 국내뿐만 아니라 국제적으로도 이뤄진다.

● ● ●

　금요일에 불리한 자료를 내는 것도 바르지 않은 모습을 보여 주지 않기 위한 측면이 강하다. 공개될 내용이고 이왕 공개해야할 자료라면 평일 중

금요일이 그나마 '(여론의) 매를 적게 맞는다'는 판단이 작용한 것이다. 언론플레이는 개인이나 개인이 속한 조직의 이익.명분을 위한 행동이다. 호의적인 환경을 조성하기 위한 수단으로 활용하는 것이다.

● ● ●

정치권에서 대선을 앞두고 경쟁 상대측이 신문을 도배할 정도의 내용을 터뜨려 여론의 관심을 모을 것 같으면 기자회견을 자청해 언론이 관심을 가질만한 사안을 공개해 국민의 눈길을 돌리는 것도 언론플레이다. 한 집안에서 동생이 형의 잘못된 행동을 부모에게 몰래 일러바치는 것도 낮은 차원의 '언론플레이'로 볼 수 있다.

Section_07
대의 내세우기

실속 감추기 위한 포장지 필요할 때 _ '속내 헤아려야'

어느 국가가 전쟁에 참가하면서 세계 평화와 정의 수호를 내세우지만 실제로는 영토 확장이나 파워 확대를 꾀할 때가 있다. 대의를 내세우면서 자국의 국익을 취하는 것이다.

● ● ●

당국이 불법 영업이나 교통 위반에 대한 과태료·범칙금 액수를 올릴 때 "위법 행위를 근절하고, 교통안전을 확보하기 위해 제재를 강화할 필요가 있다"면서 대의를 내세운다. 하지만 언론은 이에 대해 "구멍 난(부족한) 세수를 메우기 위한 의도"라고 지적하기도 한다.

뒤집어 보면, 어떤 사람이나 조직, 국가가 대의를 내세우는 데 대해 실질적인 목적과 속내가 무엇인지를 헤아려보는 것도 현상을 이해하는 데 도움이 된다. 대의를 내세우면 그 즉시 속내를 파악하는 것이다. 어느 강대국이 우방국 정상의 통화 내용을 도·감청한 사실이 드러난 뒤 "테러범 척결을 위해서"라는 대의를 내세우는 것도 비슷한 전략이다. 대의를 활용해 비난을 피하는 것이다.

• • •

어느 조직에서나 리더나 상사는 대의를 내세우면서 구성원들의 희생을 강요하기도 한다. "구성원 모두가 험한 일을 꺼리고 몸을 사리면 조직은 문을 닫아야 되지 않겠느냐. 희생을 해 달라"고 한다. 월급 액수나 보상에 비해 턱없이 높은 노동 강도를 요구하는 것일 수도 있다.

Section_08
꽃놀이패

이렇게 해도 좋고 저렇게 해도 좋아 _ '꿩 먹고 알 먹고'

이렇게 해도 좋고 저렇게 해도 좋을 때 바둑에서는 '꽃놀이패'라고 한다. 장기에서는 비슷한 말로 '양수겸장'이라고 한다. 이 걸 취해도 좋고 저 걸 취해도 좋은 것이다. 어떠한 상황에서도 실리를 극대화 할 수 있는 것이다. 모든 상황을 꽃놀이패로 만들려는 사람도 있다.

• • •

예컨대 A와 B가 아주 심하게 싸워서 사이가 갈라질 정도로 상황이 악화됐다. A는 "만나서 대화를 하며 풀자"고 제안한다. 그러나 B는 "싸움의 원인을 제공한 A가 진정한 사과를 해야 만날 수 있다"고 맞선다. 여러 친구가 지켜보는 상황에서 A는 B의 요구수준에 부응하지는 않지만 여러 차례 대화를 제안하는 '화해 제스처'를 취한다. A는 B가 대화를 받아들이지 않아도 친구들 앞에서 체면을 세울 수 있고, B가 대화를 받아들이면 화해를 하게 되는 것이다. 명분과 실리를 함께 들여다본 것이다.

일상이 바쁜 사람은 약속 장소 2곳을 인근 지역에 정해 하루 저녁에 2곳을 번갈아가기도 한다. 행위를 '꿩 먹고 알 먹고' 식으로 하는 것이다. 기업체가 사업장을 내면서 부동산을 함께 구입했는데 사업도 잘 되고 부동산 값이 뛰면 이중으로 이득을 취한다. 일석이조이고 일거양득이다.

• • •

하나의 언사도 여러 개의 의미를 가질 수 있도록 하는 사람이 있다. '일언다의'다. 하나의 행동이 다양한 효과를 나타내도록 하기도 한다. 일석이조는 일석삼조, 일석사조, 일석오조 식으로 생각과 논리를 확대할 수 있다.

Section_ 09
스토리 만들기

'이야기 입·출구 만들어 통과' _ 특정 행동 '단가' 높이고 환대받아

   부산에 사는 어느 할머니는 서울에 있는 첫째 아들네 집에서 한 달간 지내기로 돼 있었다. 아들네가 명절을 앞두고 혼자 사는 할머니가 외로움을 타지 않도록 하기 위해서 서울로 모시기로 했다. 하지만 할머니는 서울로 출발하기 이틀 전에 갑자기 화가 난 듯한 목소리로 아들에게 전화를 걸어 "서울에 안 간다"고 통보했다. 그러자 아들은 곰곰이 생각한 뒤 전화를 걸어 "속상한 일이 있으면 푸시라"고 했다. 할머니는 "서울역에 마중나온다는 얘기도 없고 해서 불편하게 생각하는 것 같다"고 털어놓았다. 그러자 아들은 할머니를 간곡하게 설득했고 할머니는 마지못해 가기로 했다. 아들은 할머니의 화가 풀리자 감지덕지했다.

   할머니가 똑같은 행동(서울행)을 밋밋하게 그냥 하는 것보다는 하나의 스토리에 입구와 출구를 정해서 이 과정을 통과시킨 뒤에 함으로써 상대가 감사하도록 하고 더욱 잘 모시도록 했다고 볼 수 있다.

•••

 어느 직장인이 대학 동창 10여 명과 3박 4일 제주도 여행을 가기로 했다. 그러나 행사를 주관한 동기회장이 큰 신경을 써주는 것 같지 않고 자신의 일정을 빼는 것도 빠듯했다. 이에 불참을 통보했다. 그러자 동기회장을 포함한 여러 친구들이 설득에 나섰다. 그러자 이 직장인은 불참을 고집하다가 "회사 일이 너무 바빠서 2박 3일 정도밖에 시간을 못 내겠네"라고 했다. 이에 다른 친구들은 "2박3일도 어디냐. 참석하는 것만도 고맙다"라며 '칙사' 대접을 했다. 새침떼기형 사람들이 자주 활용하는 수법이다. 하지만 일상에 윤활유를 쳐주고 스토리와 에피소드를 만드는 과정일 수도 있다.

•••

 아내가 백화점에서 내심 비싼 가방을 살 것을 염두에 두고 있지만 아주 값싼 걸 고르면서 남편에게 "우리 형편에 이런 거나 사야 될 거 같네"라면서 자존심을 살짝 건드린다. 얼마 후 "비싼 걸 사도 되겠느냐"고 묻는다. 그러면 남편은 "무조건 사라"고 강력하게 얘기한다. 애초에 비싼 것을 사겠다면 인상을 쓸 것 같은 남편이 정반대 입장을 보인 것이다.

Chapter 01
전략 | 27

Section_ 10
변수 챙기기

사안에 영향 미치는 요인 잡아내야 _ '함수관계 파악도'

어떤 사업이나 프로젝트를 추진할 때 특정 사안이 영향을 미칠 때가 있다. 이로 인해 사업이 잘 될 수도 있고 흐트러질 수도 있다. 때로는 사업이 수포로 돌아갈 때가 있다. 이러한 사안을 변수라고 한다. 현재 혹은 미래 상황에 영향을 미칠 수 있는 요소(변수)를 잘 챙겨야 사업도 성공하고 프로젝트도 성공할 수 있다.

언론 보도에서 "남북통일을 이루는 데 변수가 많다"는 말이 자주 나온다. 통일을 하는 데 있어서 남북한 각기 내·외정의 문제를 포함해 국제 정세 등이 복합적으로 작용한다는 의미다. 변수가 많다는 것은 미래 상황이 어떻게 전개될지 점치기 어렵다는 뜻이다.

일상에서도 많이 사용된다. 어느 가족이 여름휴가 때 해외여행을 계획하고 있다. 하지만 남편의 회사 업무가 바쁘고 부인의 대학 보충 강의도 만만치 않다. 자녀들도 학원에 열심히 다녀야 한다. 일정을 뽑기가 빠듯한 상황이다. 이럴 때 회사 업무, 대학 강의, 학원 학습이 변수가 되는 것이다. 변수를 잘 관리해야 해외여행을 계획대로 다녀올 수 있는 것이다.

∙ ∙ ∙

변함없이 존재하는 것은 '상수'다. 변수는 관리 여하에 따라 영향 유무와 그 정도를 조절할 수 있다. 그러나 상수는 거의 변화하지 않고 움직일 수 없는 것이다. 현상·본질이 어떤 것과의 관계에 따라 변화할 때가 있다. 이러한 상황을 '함수 관계'라고 한다. 변수와 상수, 함수관계를 구별해 사용하면 논리적인 사고에 접근할 수 있다.

Section_ 11
투트랙 확보하기

목적지 효과적 도착 _ '쌍끌이 전략도'

일처리는 한 가지 방법이나 경로로 할 수도 있지만, 때로는 두 가지 방법·경로를 동시에 활용할 수 있다. '투트랙' 전략이다. 목표에 접근하기 위해 두 갈래 길을 동시에 간다는 것이다. 효율적으로 목적지에 다다를 수 있는 기술이다.

쌍끌이 전략도 있다. 배 두 척이 중간에 그물을 치고 고기를 잡는 것이다. 두 배가 고기를 잡기 위해 공동보조를 취하는 것이다. 어떤 목표를 위해 두 주체가 공동으로 노력하는 것이다. 쌍끌이는 두 주체가 동일 목적을 추구하고, 투트랙은 하나의 주체가 두 가지 방안으로 목적을 달성한다는 의미가 강하다.

• • •

도달점이 '대권'이라면 여러 '플랜'을 가동할 수 있다. 공조직과 사조직을 둘 수 있고 여러 조직에서 다양한 플랜을 만들 수 있다. 미래 시점(결론)에서 여러 방안을 거꾸로 확보할 수도 있다. 목표나 종착점에서 보면 두 갈래나 세 갈래, 네 갈래, 혹은 수십 갈래의 길을 뚫어서 오도록 한다는 것이다.

투트랙은 3개 혹은 4개의 트랙으로 확대할 수 있고, 쌍끌이 전략도 여러 척의 배를 동원하거나 쌍끌이 자체를 몇 개의 쌍으로 확대할 수 있다. 사고의 확장이다.

Section_ 12
'부족한 2%' 채우기

'거의 알고 있으면서 모르는 척 물어보기도'_ '상대방 능력' 평가일 수도

어느 관공서의 간부는 "조직이 원활하게 돌아가고 행정도 무난한 것 같은데 기자들은 어떻게 생각하는지 모르겠다"며 업무와 조직을 평가해 달라고 요청했다. 이에 오찬 간담회에 참석한 기자들은 나름대로 자신이 아는 바를 가감 없이 밝혔다. 이에 대해 간부는 "무척 고맙다"고 말했다.

이 간부는 조직과 행정이 어떤 평가를 받는지 다 알고 질문한 것일 수도 있다. 평가를 부탁한 것은 상대가 어느 정도 알고 있는지를 시험한 것일 수도 있다. 해당 기자의 식견과 능력, 정보력을 거꾸로 평가한 것일 수도 있다.

• • •

사회생활이나 인간관계에서 상대의 정보력과 업무 파악력을 측정하기 위해 다 알고 있으면서 묻는 경우가 종종 있다. 상황을 꿰뚫고 있으면서도 "배우고 싶은데…, 그게 궁금한데…"라고 모르는 척하면서 묻는다. 질문

을 받는 사람은 상대방의 의도를 한 번쯤 꿰뚫어 볼 필요가 있다.

 묻는 사람은 거의 다 알고 있는 상태에서 모르는 척 하는 것이기에 능청을 떤다고 할 수 있다. 어떠한 사실이나 현상을 알고 있으면서도 꼬치꼬치 캐묻는 사람도 있다. 다시 한 번 확인을 하는 것으로 여길 수도 있지만 상대를 세밀하게 평가하고 시험하는 것일 수도 있다. '능구렁이'라는 말을 들을 정도로 습관화된 사람도 있다.

Section_ 13
'마중물' 넣어 주기

'SOC 건설 논리'_'닭이 먼저냐 달걀이 먼저냐' 다툴 때

경부고속도로를 닦을 때 비용이 많이 든다는 이유로 반대가 심했다고 한다. 하지만 경부고속도로는 이후 국가 동맥으로서 한국 경제 발전에 토대가 됐다. 도로와 철도 등 사회간접자본(SOC) 건설과 관련해 '마중물' 논리가 자주 동원된다.

• • •

마중물 논리는 우물에서 물을 길을 때 먼저 약간의 물을 넣어줘야 우물의 물이 올라온다는 것이다. 일정액을 먼저 투자해야 관련 산업이 발전하고 경제도 활성화된다는 것이다. 투자를 망설이는 쪽에서 "허허벌판에 무슨 투자를 하느냐"고 문제를 제기할 때 반박 논리로 활용한다. '닭이 먼저냐 달걀이 먼저냐'는 논란이 제기될 때 들이댈 수 있는 논리다.

하지만 마중물 논리를 활용해 여러 곳에 지방공항을 건설한 것은 실패 사례로 간주되고 있다. 일부 공항은 천문학적인 적자에 시달린다고 한다. 이는 도로나 철도 등 공항을 대신할 수 있는 '대체재'를 간과했거나 승객

수요를 과다 계상했기 때문이라고 언론은 지적한다.

 마중물 논리를 적용해 대구와 광주 사이에 철도를 건설하는 문제도 한때 제기됐으나 경제성이 없다는 이유 등으로 유야무야 됐다. 하지만 일각에서는 이 철도가 양 지역의 교류를 촉진하고 망국적인 지역감정을 해소할 수 있다고 한다. 그 효과는 '영호남 갈등 비용'을 상쇄하고도 남는다는 분석도 있다.

Section_ 14
불쏘시개 활용하기

촉매 · 기폭제 삼아 상황 진전 _ '페이스메이커'도

일례로 대통령 선거에서 여당과 야당이 맞붙었다. 야당 유력 후보의 지지율은 30%에 달하는데 여당 유력 후보의 지지율은 10% 수준을 보이고 있을 때 여당은 국민의 관심을 받고 있는 제3의 인물과 기존 유력 후보를 경쟁시켜 후보를 선출한다. 최종 입후보자로 선출된 유력 후보의 지지율이 서너 달 새 40%로 껑충 뛰었다. 제3의 인물을 '불쏘시개'로 활용한 전략이다.

일상생활에서도 유용하게 쓰인다. 자녀를 학원 고급반에 등록시켜 우수한 학생과 경쟁을 시키는 것도 다른 아이들을 불쏘시개로 활용하는 단순한 사례다. 자녀에게 학업 열의를 고조시켜 성적을 향상시키는 것이다. 불을 잘 피우기 위해 먼저 붙이는 종이나 나뭇가지가 불쏘시개다.

어떤 일이 촉진되도록, 진전되도록 하는 역할을 하는 게 촉매다. 불쏘시개와 유사하다. 가령 "어떤 정책이나 제도가 지역 발전과 통합의 촉매가 된다"는 식으로 표현할 수 있다. 기폭제인 것이다. 어떤 일을 '디딤돌(도약대, 발판)'로 삼아 도약할 수도 있다. 성공이나 발전의 원동력으로 이용하는 것이다.

● ● ●

마라톤에서는 '페이스메이커'를 활용하는 전략이다. 일정한 거리를 우승 후보자와 함께 달리며 기록을 향상시켜주는 역할을 하는 사람이 페이스메이커다.

Section_ 15
군불 때기

분위기 잡아 목적 관철 _ '자연스러운 환경 만들어 원활하게 일처리'

예컨대 정치권에서 여당 혹은 야당의 수뇌부가 개헌 필요성을 느끼고 대통령 임기를 5년 단임제에서 4년 중임제로 바꾸는 안을 당론으로 채택할 수 있다. 이때 사전에 해당 정당의 중진 의원이 다른 사안과 관련한 기자간담회를 하면서 5년 단임제의 부작용을 역설하며 '수뇌부의 검토 사실'을 넌지시 얘기할 수 있다. 바람을 넣으면서 분위기를 잡아나가는 것이다.

어떠한 목표를 달성하거나 프로젝트를 수행하기 위해 개인이나 단체, 조직, 나아가 국가가 서서히 관련 주제를 화제로 삼고 정성을 들일 때가 있다. '군불 때기'다. 목표를 바로 정면으로 거론하면 반발이나 거부감을 초래할 가능성이 있을 때 군불을 때듯이 관련 주제에 점진적으로 열기와 관심을 높여나가는 것이다.

∙ ∙ ∙

　일상이나 직장생활에서도 특정 행동을 하기 전에 '분위기 만들기' 차원에서 사전에 말이나 행동을 하기도 한다. 기업에서 어떤 직원을 자회사로 전출을 보내 해당 부서에서 역할을 하도록 해야 할 때 당사자가 반발할 수 있다. 이때 갑자기 인사발령을 내는 것보다는 여러 간부들이 돌아가면서 자회사 직책의 중요성을 설명할 수 있다. 매끈하게 일처리를 하는 방법이기도 하다.

　어느 영화에서 죄수가 자신의 부모님이 사망해 특별휴가를 받았다. 이 죄수는 장례식장에 참석해 간수들이 지켜보는 가운데 일부러 동생과 큰 싸움을 벌이면서 탈출한다. 죄수는 자연스럽게 탈출하고 동생은 이에 대해 아무런 책임을 지지 않는 시나리오디. 죄수와 동생은 특징 환경을 조성해 목적을 관철한 것이다.

Section_ 16
논란 만들기

여론 관심 독점하고 몸값 높여 _ '역풍도'

 예컨대 어느 정치인이 자신의 가치관이나 현실적인 명분에 근거해 눈에 띄는 주장을 하고 이에 대해 시민단체에서 강력하게 반발할 수가 있다. 이 정치인은 논란의 중심에 서게 되지만 한편으로는 자신의 이름을 알릴 수도 있다. 논란의 한 당사자가 됨으로써 자신의 몸값을 높일 수 있다.

 갈등을 빚고 논쟁을 함으로써 여론의 관심을 받아 존재감을 높이는 전술이다. 반대세력의 비난과 비판을 '성장 촉진제'로 삼는 이도 있다.

• • •

 정치권에서는 어떤 사안에 관한 논쟁을 일부러 첨예한 갈등 구도로 끌고 가기도 있다. 갈등의 주체로서 끝까지 언론의 조명을 받겠다는 전략이다. 여론의 관심을 독점하고 신문 지면을 독차지하겠다는 것이다. 하지만 강성 주장에 따른 부담도 뒤따른다. 이에 따라 강성 주장의 효용성과 그 후폭풍의 무게를 저울질하기도 있다. 역풍에 휩쓸려 모든 것을 날릴 수도 있기 때문이다.

총선이나 대선 등 큰 선거를 앞두고 한 정당 내에서 간부들이 심하게 싸우고 서로 반목하는 모양새를 취하기도 한다. 그럼으로써 여론의 관심을 붙들어 맨다. 논쟁을 만듦으로써 국민의 눈길을 다른 당으로 돌리지 않게 하고 종국에는 선거를 승리로 이끌겠다는 전략이다.

Section_ 17
'내숭'의 목적성

속마음 감추고 희망사항 관철할 때 _ '능청'도

　어느 정치인은 주요 포스트(자리)를 차지하기 위해 열심히 뛰고 있으면서도 "권력욕이 없다"는 말을 하기도 한다. 진심일 수도 있지만 주위를 의식한 말일 수 있다. "권력욕이 없다"는 말을 오히려 권력 획득에 활용하는 것으로 볼 수도 있다. '내숭 떨기' 전략이다. 권력 획득이 존재 이유인 정치인들이 "욕심 없다"는 표현을 일상적으로 하는 것도 비슷한 경우다.

　직장 동료들 사이나 남녀 관계에서도 내숭 떨기 전술은 자주 활용된다. 어떤 젊은 여성이 자신의 생일 때 만난 지 얼마 되지는 않았지만 남자 친구와 근사한 곳에서 저녁을 먹고 싶어 한다. 하지만 겉으로는 "서로 바쁜데 간단하게 커피만 마시자"고 한다. 남자 친구는 그래도 여성의 마음을 사로잡기 위해 근사한 곳으로 예약한다. 이 남자가 커피만 마시면 센스가 없다는 말을 들을 수 있다

회사에서 일을 잘 한다고 소문난 직원이 사소한 과제를 부여받았을 때 "제가 처리하기에는 벅찬 일입니다…"라고 능청을 떨기도 한다. 진심을 표현했을 수도 있지만 일을 맡을 수 있고 처리할 수 있다는 의사를 거꾸로 표현한 것일 수도 있다. 더 나아가 자신이 맡기에는 너무 가벼운 일이라는 의미도 내포할 수 있다. 주위에서 잘 해석해야 한다.

내숭을 떤다고 판단되면 상대방의 의도를 정확하게 파악하고 적절한 대응을 하는 것이 중요하다. 상대의 말을 잘 헤아려 판단에 착오를 하지 않아야 한다. 상대의 말을 곧이곧대로 순진하게 믿으면 패착에 빠지거나 큰 오해를 할 수 있다.

CHAPTER_02
관계

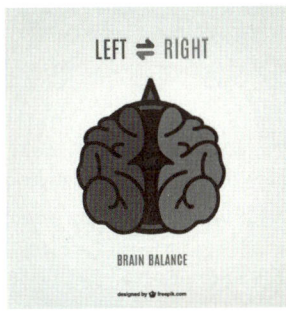

designed by Freepik.com

Section_01
동기 부여하기

스스로 열성적으로 하도록 _ '자발적 행동 유도'

아파트에 전세를 든 세입자가 콘덴서와 전등을 갈아 달라고 집 주인에게 요구했다. 하지만 주인 할머니는 차일피일 미루고 때로는 전화도 받지 않았다. 이에 세입자는 부동산 소개소를 통해 "콘덴서에 젓가락 같은 물건이 닿으면 화재가 날 수 있고 집에 피해가 갈 수 있다"고 하자 주인 할머니는 전화를 걸어와 대뜸 집수리를 해줬다고 한다. 본인이 어떤 일을 하지 않으면 본인에게 손해가 난다는 논리로 접근한 것이다. 본인에게 피해가 돌아갈 수 있음을 암시하자 곧바로 집수리에 나선 것이다. 큰 다툼 없이 꾀를 내 문제를 해결한 것이다.

• • •

상대에게 뭘 하라고 하지 말고 열성적으로 하도록 만드는 논리다. 자녀에게 아침에 "빨리 일어나라"라고 명령식 어투로 말할 수 있다. 하지만 이보다는 늦게 일어나면 게임을 할 수 있는 시간을 줄이는 등 규칙을 만드는 방법으로 자발성을 유도할 수 있다. 피해를 안 보겠다는 마음이 들도록 하는 것이다. 자녀에게 "책 읽으라"라고 하지만 말을 안 들을 때가 많다. 이럴 때 부모들이 책 읽는 모습을 보이면 '따라 하기'를 한다. 상황을 만드는 것이다.

회사에서 직원에게 "일 열심히 하라"고 채근하기도 한다. 하지만 인센티브 부여 등 일을 열심히 할 수밖에 없는 상황을 만드는 것이 효과적일 때가 있다. 부하직원이나 후배들이 스스로 건강을 해칠 정도로 열심히 일하는 상황을 만들면 해당 부서나 기업은 번성할 수밖에 없다. 강력한 상훈이나 승진 제도, 보너스 등을 통해 동기 부여를 하는 것이다.

연인 사이에도 "전화하라"고 하지 말고 귀찮을 정도로 전화하도록 만드는 쪽이 항상 주도권을 쥔다. '밀당(밀고 당기기)'을 적절하게 하면서, 다가가는 게 아니라 오도록 하는 방식이다. 연인관계나 인간관계에서 자발적으로 하도록 하고 스스로 오게끔 하는 것은 쉽지 않은 일이다. 그러나 성공하면 효과는 대단하다.

Section_ 02
'부차적 이유' 활용하기

비난 우려될 때 제2·제3의 이유 내세우기도 _ '재치일 수도'

어느 공무원은 2년간 미국 연수를 다녀왔다. 출입기자와의 점심식사 자리에서 "좋은 곳 놀러 많이 다녔겠네요"라는 질문을 받자 "조용하게 처박혀서 책만 읽었어요"라고 답했다. 실제로 책만 읽었을 수도 있지만 국민 세금으로 다녀온 해외연수와 본인 자신의 생활이 엄중하게 비치도록 부차적인 행위를 댄 것으로 볼 수 있다.

어느 기업체 간부는 백화점에서 쇼핑을 하다가 다른 부서 후배 직원과 마주쳤다. 이 간부는 "크리스마스를 앞두고 가족 등쌀에 나왔다"고 말했다. 백화점 쇼핑이 자신의 직책에 어울리지 않는다는 판단을 하고 부차적인 명목을 댄 것이다. 변명을 대면서 곤혹스런 상황을 벗어난 것이다.

외국에 바람 쐬고 놀러 가는 학생은 주위에 "견문을 넓히려고요"라고 말한다. 일정은 온통 여행을 다니는 것으로 짜여졌지만 "대학 MBA나 연구소에서 공부 좀 할 수 있는지 알아보려고 합니다"라고 명목을 내세운다. 주위에 비판거리를 제공하지 않기 위해 부차적인 목적을 댄 것이다.

• • •

속내를 곧이곧대로 밝혀 비난을 받을 수 있을 때는 다른 것을 정면으로 내세운다. 부차적 목적을 대 비난의 화살을 피하는 전략이다. 정책을 추진할 때도 부차적인 명목을 강조할 때가 있다. 주된 이유가 반발을 초래할 가능성이 있으면 설득력 있고 수긍할 수 있는 부차적 이유를 들이대는 것이다. 서로에게 가장 알맞은 말을 하는 것이다. 선물을 거부해야 하는데 주된 이유를 제시하면 반발을 초래할 때 부차적이지만 강력한 이유를 언급하는 사람이 있다. 재치라고 할 수 있다.

Section_ 03
주눅 들이기

옭아매 원하는 대로 일처리 _ '갑'에는 간접 대응

서울 광화문 정부청사에서 근무한 어느 고위 행정 관료는 여의도에 갈 때마다 기가 죽는다고 했다. 국회의원들이 현안을 질의하는 데 대해 합리적으로 답변하고 설명해도 꼬투리를 잡아서 질책을 한다는 것이다. 국회의원들에게 주눅이 든 것이다.

'갑'과 '을'의 관계에서 주눅 들이기를 통해 상대를 옭아맨다. 갑이 하고자 하는 바에 따라 을이 잠자코 따라오도록 하는 전략이다. 주눅 들이기는 초반에 기를 죽여서 자신의 '페이스' 대로 일처리를 하는 기술이다. 상대를 매번 쩔쩔매게 만드는 것이다.

⋯

기업체에서 신입 사원이 들어오면 주눅을 들이는 상사도 있다. 주눅을 들여서 일처리 등을 입맛에 맞게 하도록 하는 것이다. 신입 사원은 실제로 주눅이 들기도 하고 주눅이 든 척을 하기도 한다.

이에 대한 대응논리도 자주 활용된다. 상대가 갑이라고 착각하거나 '갑질'을 하는 사람에 대해서는 당사자가 아닌 제3자 혹은 제3의 사안과 관련해 강하게 대응하거나 반격하는 모습을 보여준다. 성깔이 있고 간단치 않은 사람이라는 걸 간접적으로 보여 주는 셈이다.

음식점에서 서빙을 하는 종업원에게 엄격하게 대할 때도 이러한 상황일 수 있다. 갑에게 화낼 것을 종업원에게 화를 내는 것이다. 종업원은 덤터기를 쓰게 되는 것이다. 직장에서도 부장이나 팀장한테서(부당하다고 생각될 수 있는) 질책을 받은 평사원이 인턴이나 아르바이트 학생 등에게 화를 내면서 성깔을 과시한다. 상사에게 바로 치받지 않고 제3자에게 성질을 부리며 상사를 움찔하게 하는 것이다.

Section_04
사교 스킬

'순간 동질감 느끼게 하기'_호감 사고 의견 관철하고

　상대의 호감을 사기 위해 순간적으로 잘 대응하는 사람이 있다. 정치권 관련 인사들이 많이 출입하는 여의도의 어느 식당에서 한 인사가 처음 만나는 사람에게 고향이 어디냐고 물었다. 상대가 "부산"이라고 대답하면 "이번 주말 (친척 결혼식 등으로) 부산에 가는데…"라면서 부산의 지리를 묻는 방식으로 호감을 샀다.

　상대는 "부산 토박이나 다름없다"면서 자신이 알고 있는 모든 지식을 동원해 설명해준다. 부산의 지리를 묻는 사람은 실제로 부산에 갈 수도 있고, 호감을 사기 위해 그냥 던진 말일 수도 있다.

　하지만 이렇게 대화가 트이고 친밀감도 형성되는 것이다. 순발력이 뒷받침된 사교의 스킬(기술)이다.

순간에 잘 대응하면 상대를 환호하도록 하고 환심을 살 수 있다. 식사 자리나 회의에서도 순간적으로 상대에게 호의적으로 말하거나 칭찬을 하면 자신의 주장을 매끄럽게 관철시킬 수 있다. 칭찬은 비용이 들지 않는 '공짜'라고 인식하는 사람도 많다.

Section_05
'리트머스 시험지'

본질·정체 판별 수단 _ '풍향계' 간파

　사람을 평가하면서 "하나를 보면 열을 안다"는 말을 한다. 어떤 한 가지 현상을 보면 그 본질적인 것을 알 수 있다는 의미다. 이 현상이 본질이 드러나는 계기가 되고 정체를 알 수 있도록 하는 '리트머스 시험지' 역할을 하는 것이다. 상대의 본 모습을 파악하기 위해서 리트머스 시험지를 만들어 활용하는 것도 좋은 전술로 통한다. 제3의 현상을 통해 본성을 알 수 있다.

　예컨대 어느 공익사업장에서 노사가 극렬하게 대립해 회사 측은 사업장 폐쇄, 노조 측은 전면 파업으로 맞서려고 해 사회적으로 큰 논란을 일으켰다.

　이에 갓 출범한 중앙정부의 이 업체에 대한 대처 방식이 향후 새 정부 노동정책의 '시금석'이 될 것이라고 언론은 보도했다. 하나의 사례를 보고 방침이나 진로, 방향을 알 수 있다는 것이다. '풍향계'인 것이다.

어느 사안이 간접적으로 핵심을 설명해줄 때 "방증한다"고 한다. 한 초등학생이 친구들과 사이좋게 지내고 선행은 앞장서서 한다. 선생님 말씀도 잘 듣고 이웃 어른들에게 인사도 잘 한다. 이를 두고 "가정 교육을 잘 받았다는 것을 방증한다"고 할 수 있다. 방증 사안을 잡아내면 핵심을 파악할 수 있다.

Section_06
'대놓고' 하기

거리낌 없이 안면몰수 하고 본인 이득 챙기기도 _ '염치 없어'

숨김이나 거리낌 없이 행동할 때 '대놓고' 한다고 한다. 예컨대 어느 사람은 상대에게 모욕감을 느낄 정도의 발언을 한 뒤 "기분 상하게 할 생각이 없었다"고 한다. 대놓고 현실을 부정하는 것이다. 어느 한 나라의 군용기가 인근 국가의 영공을 침범해 정찰을 하고 되돌아갔다. 이에 대해 "확대 해석을 하지 말아 달라"고 말한다. 비난이 뻔한 상황에서 잘못을 인정하는 것보다는 대놓고 초점을 엉뚱한 곳(확대 해석)에 맞추는 것이다.

때리고 난 뒤 "미안하다"라고 대놓고 말하기도 한다. 때림으로써 자신의 이득을 취한 뒤 미안하다는 말로 달래며 반발이나 반격을 하지 못하게 하는 것이다. 남에게 피해를 주고 사후에 그런 의도가 아니었다고 변명하는 것이다. 경찰서에 잡혀온 사람들이 "도둑질할 의사는 전혀 없었다", "폭행할 의도는 전혀 없었다"고 진술하는 것도 대놓고 거짓말을 하는 것이다. 범죄를 저지른 뒤 처벌을 약하게 받기 위해 잔꾀를 쓰는 것이다.

신뢰받는 사람이나 기관이 대놓고 허위 사실을 공표할 때도 있다. 대놓고 아내에게 거짓말하는 간 큰 남편도 있다. 대놓고 안면몰수하고 하는 행위는 본인이나 해당 조직의 이득(명분)을 챙기기 위한 것이다. 주위에서 보기에 왕성한 사회활동을 하는 사람이 "고급 술집에 간 적이 없다"고 대놓고 말한다. 묻지도 않았는데 스스로 밝혀 듣는 사람을 의아하게 만들기도 한다.

대놓고 상대방 면전에서 비난을 하기도 한다. 상대 앞에서 어떤 말을 한 뒤 "아시겠어요?"라고 되물으면서 대놓고 면박을 주는 것이다. 대놓고 상대방의 좋은 아이디어나 정책을 베낄 때도 있다. 염치없는 행위다.

Section_07
계기 만들기

관계 진전, 교류의 시작 _ '모멘텀이 중요할 때도'

　서울 홍대 앞의 선술집에서 점잖은 남자가 맥주를 따기 전에 갑자기 병을 마구 흔들었다. 좌중에 있는 사람은 갑자기 자신의 옷에 거품이 튀는 것에 당황했다. 때마침 창밖으로는 젊은 여인들이 지나갔다. 이유인즉슨 이 사람은 "맥주 거품으로 인연을 만들기 위해서"라고 조크를 했다.

　계기를 만들어서 관계를 진전시키는 전술이다. 어느 영화에서는 동년배 여성의 집을 우연히 방문했는데 이 여성이 마음에 들자 서가에 꽂힌 책을 빌려가는 장면이 나온다. 나중에 책을 반납하면서 여성을 한 번 더 만나고 이를 계기로 관계를 발전시키겠다는 심산이다.

　캠퍼스에서 마음에 드는 이성과 우연을 가장하고 부딪혀 책을 떨어뜨린다. 모퉁이에서 충돌하면서 커피를 쏟기도 한다. 계기를 만들어서 관계를 맺겠다는 것이다. 이러한 계기를 만들 줄 모르고 무작정 좋은 감정만 표현할 줄 아는 '순정파'는 상대에게 의아함만 불러일으킬 수 있다.

평소 단골 커피전문점이나 음식점에서 계산을 실수로 하거나 커피를 엎지르는 등 계기가 만들어져야 손님과 주인 간 대화가 오가고 관계도 진전된다. 상대를 알게 되는 것이다. 6자회담 등 국제회의나 나라간 관계에서도 재난피해 지원 등 대화의 계기(모멘텀)를 만드는 게 중요할 때가 있다.

Section_ 08
'같은 듯 다른 듯'

사람들 생각 비슷하지만 구체적으론 달라 _ '닮은 듯 아닌 듯'

비행기가 지연·취소되거나 전철이 고장 났을 때 승객들의 대응은 각양각색이다. 똑같이 항의를 하지만 그 강도는 크게 다를 수 있다. 서울 도심에서 전철이 고장 났을 때 승객 중에는 "인천까지 택시비를 달라"고 요구하는 사람이 있다. 물론 직업적 특성과 일정의 촉박성에 따른 특수성을 인정해야 할 때도 있다. 하지만 상황이 비슷하다고 판단되는 사안에서 대응에 큰 편차를 보이는 것이다.

'인지상정'이라는 말이 있다. 어떠한 일에 대개의 사람들이 비슷하게 생각한다는 것이다. 그러나 구체적으로 따지고 들어가 보면 반응과 행위 양식이 의외로 크게 다를 때가 있다. 세상 사람들의 인식 평균(상식)이 개인별로 차이가 클 수도 있다.

사람의 행위·행동 방식은 그 얼굴만큼이나 다를 때가 있다. 친한 친구가 하루아침에 큰 돈이나 명성, 권력을 얻게 되면 질투하는 사람이 있다. 질투를 많이 하는 사람이 있고 적게 하는 사람이 있다. 정도에 차이가 있을 수 있다. 질투를 하지 않는 사람도 있고 더없이 좋아하는 사람도 있다. 이성에 대한 관심도 그 정도가 심한 사람이 있다. '여성 편력', '남성 편력'이라고 규정짓기도 한다.

사람들의 인식은 비슷하다고 하지만 구체적인 사안에 대해서는 조금씩 다를 때가 많다. 구체적인 사안에서도 생각이 비슷하다고 착각하면 본인만 손해를 본다. 어떤 현안에 시각·인식 차는 클 수도 있고 작을 수도 있다. 스타일, 선호도, 취향이 천차만별인 것이다. '같은 듯 다른 듯', '닮은 듯 아닌 듯' 한 상황이 적지 않다.

Section_09
'감동' 마케팅

감동에 젖으면 '이성' 뛰어넘어 _ '강렬한 행동 유도'

신문·방송에서 모성애나 부성애를 자극하면 독자와 시청자를 울컥하게 한다. 감동을 주면 사람을 움직일 수 있다. 사람의 마음을 움직이면 이성을 뛰어넘은 강렬한 행동이 나오기도 한다. 찡하게 하고 먹먹하게 만드는 것도 전술의 일환으로 많이 사용되고 있다. 어느 나라에서나 '애국심'에 호소하는 영화가 대히트를 치기도 한다. '감동 마케팅'의 일환으로 볼 수 있다. '감동이 사람을 움직인다'는 점을 노린 것이다. 일상에서 접하는 여러 상품에도 감성을 자극하는 스토리를 입히면 소비자들의 이목을 끌기도 한다.

금강산에서 남북 이산가족 상봉행사가 끝날 때쯤 허리가 '기역자'로 굽은 70~80대 할아버지는 취재진을 울컥하게 만들었다. 버스를 타고 남한으로 내려가는 여동생과 헤어진 뒤 동생의 얼굴을 1초라도 더 보기 위해 '기역자'의 몸으로 육상 선수보다 빠르게 차량을 쫓아간 것이다. 취재진은 이를 보고 눈시울을 적셨고 그 장면은 뇌리 속에서 영원히 잊혀지지 않았다고 한다.

　남북 이산가족 상봉 행사는 전쟁으로 흩어진 혈육들이 50~60여 년 만에 만나기에 눈물바다가 된다. 잠깐 동안의 만남에 대해 "이 시간을 영원히 붙잡을 수만 있다면…"이라는 탄식은 모두를 울컥하게 만들기도 했다. 혈연관계의 안타까운 사연은 눈물을 자아낸다. TV를 통해 상봉 장면을 지켜보는 사람들도 눈물을 훔친다.

　감동을 자아내 사람을 움직이는 것은 선전·선동 기법이기도 하다. 음향을 높이거나 북이나 징을 치면 사람의 가슴을 뛰게 한다. 이성이 아닌 감성·감정을 자극하는 것이다.　좌뇌(이성), 우뇌(감성)로 구분짓기도 한다.

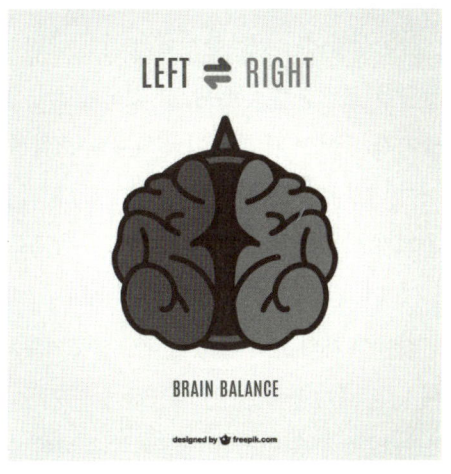

Section_ 10
선 긋기

자신 보호 논리 _ '분명하게 금 그어야 할 땐 그어야'

비리 혐의자와 연루된 의혹이 있는 사람이 사법당국 조사에서 "어느 자리에서 우연히 인사해서 알고는 있지만, 친하지는 않고 최근 1~2년 간 만난 적 없다"고 진술하기도 한다. 자신과 별다른 친분이 없다고 '선긋기'를 하는 것이다. 선을 그어서 자신을 보호하는 논리다.

사회생활이나 인간관계에서 선을 긋는 것은 유효할 때가 많다. 서로의 생각을 분명하게 인식할 수 있도록 하는 방법이기도 하다. 연인 관계의 남녀가 헤어질 때 한쪽이 결별을 통보할 수 있다. 이때 분명하게 선을 그어야 서로에게 도움이 될 수 있다. 그렇지 않으면 상대가 혼란스러워하고 관계가 이상해질 수 있다.

집안의 자녀 교육에 있어서도 선긋기를 해줘야 할 때가 있다. 자녀가 옳지 않은 행동을 했을 땐 따끔하게 꾸중해야 한다. 선을 분명하게 긋지 않으면 나중에 옳지 않은 행동이 되풀이될 수 있다.

직장에서도 동료나 타부서와 업무 협조를 할 때 어떤 것은 도와줄 수 있고 어떤 것은 해줄 수 없다고 선명하게 선을 그어야 한다. 그래야만 불필요한 오해를 사지 않을 수 있다. 거래처 미수금과 관련해 "사흘 정도는 참아 줄 수 있지만 그 이상은 안 된다"는 식으로 선긋기를 해야 할 때가 있다. 회사 내 징계와 관련한 사규도 '선 긋기'의 일종일 수 있다. 일정 정도의 선을 넘어서면 징계를 해서 불이익을 주는 것이다.

Section_ 11
'탄력' 대응

기계적 일처리는 쇠락 자초 _ '융통성 필요할 때도'

어떤 일을 기계가 작동하듯이 처리하는 것을 '기계적 대응'이라고 한다. 사람의 판단력이나 융통성이 가미되지 않았다는 뜻이다. 열정이나 정성을 들이지 않고 적극성이 결여됐다는 의미일 수도 있다. 형식적으로 일처리를 하는 것을 비판할 때 '기계적 대응'이라고 한다. 신축성이나 유연성, 탄력성이 부족하다는 것이다.

언론에서는 '기계적'이라는 말을 많이 쓴다. '기계적 균형'이라는 것은 하나의 주장과 이와 대칭되는 주장을 병렬적으로 배치하는 것이다. '기계적 중립'은 양쪽의 주장을 무의미하게 나란히 배치하는 것을 비판할 때 쓰인다. 독자들은 한 쪽의 주장에 90% 이상 동의하지만 해당 언론사가 양쪽 주장을 동일한 비중으로 처리할 때 비판의 논리로 사용된다.

방송국에서 설 연휴에 평소 인기 있고 많은 품을 들여 만든 고정 프로그램을 기계적으로 내보내기보다는 여러 가족 구성원이 함께 볼 수 있는 프로그램을 신축적으로 편성하는 것이 효율적일 때가 있다. 이 프로그램이 비록 재방송이라도 더 많은 호응을 얻고 높은 시청률을 기록할 수 있다. 여러 방송국이 시청률 경쟁을 할 때 기계적으로 대응을 한 곳은 타격을 받을 수밖에 없다.

기사 작성 시 감정(흥분)을 자제하고 객관적인 사실에 충실해 간략하게 보도할 때 "드라이 하게 썼다"라고 한다. 강조나 비판을 자제하고 팩트만 있는 그대로 서술해 주는 것을 말한다. 사설 중에서도 감정을 섞지 않은 사설이 해당된다. 드라이한 대응이 좋을 때가 있고 나쁠 때가 있다. 인간관계에서 '사무적으로 대한다'는 말을 사용한다. 인간적 친근감이 없을 때 사무적 관계라고 한다. 하지만 사무적 대응은 시간·감정 낭비를 예방할 수 있는 이점이 있다.

Section_ 12
간 보기

상대 본심과 정반대로 찔러보고 확인 _ '에둘러 탐색'

상대가 자신에게 호의적인지 여부를 확인하기 위해 사소한 부탁을 하기도 한다. 상대의 자세를 보고 본심을 가늠해 보는 것이다. 상대의 기분이나 심정, 생각이 어떠한지 파악하기 위해 전혀 상관이 없는 듯한 화제를 꺼내서 탐색할 수도 있다. 음식에 간을 보듯 살짝 간을 보는 것이다. 에둘러서 물어보거나 넌지시 물어볼 수도 있다. 적절한 대책을 마련하기 위해 사전에 상황을 파악하기 위한 작업이기도 하다.

국회에서 법안 찬반투표를 할 때 원내 지도부가 당의 방침에 거스를 가능성이 있는 의원에게 "(해당 정책이나 비슷한 정책의 부작용을 언급하면서) 어떻게 생각하느냐"며 탐색할 수 있다. 길에서 만난 지인이 선물을 들고 있을 때 "무슨 선물이에요"라고 바로 묻는 것보다는 "선물 샀네요? (샀어요?)"라며 묻는 것도 '간 보기'다. 자연스럽게 선물 내용에 대한 답변을 유도하는 것이다. 바로 물으면 대답을 하지 않을 수도 있다.

상대방이 침묵을 유지하고 있을 때는 적절한 시기를 기다렸다가 생뚱맞을 정도로 엉뚱한 얘기를 꺼내기도 한다. 변죽을 울리면서 옆구리를 찔러 의향을 간파하는 것이다. 은근히 상대의 본심과 정반대되는 얘기를 꺼내 화나게 하거나 격분시킬 수도 있다. 강하게 부인하는 것을 유도하기 위해서다.

사람들 사이의 친밀도를 확인하기 위해 특수한 상황을 만들어 본심을 떠볼 수도 있다. 연인 사이에서 한밤에 술을 마셨다고 하거나 도서관·직장에서 늦게 귀가한다며 데리러 나와 달라고 전화할 수 있다. 혹은 상대가 아주 바쁠 때 밥을 사 달라고 하는 등 시간을 내 달라고 할 수도 있다. 간 보고, 찔러보고, 맛보고, 떠보기를 해서 상대를 파악하는 것이다.

Section_ 13
명분 쌓기

자신의 언행에 상대가 고개 끄덕이게 하는 방법 _ '공격 수순으로 활용하기도'

한 중학생이 평소 멋진 자전거를 사고 싶었다. 이를 위해 큰 노력을 기울여 시험에서 우수한 성적을 받았다. 아울러 부모님 심부름도 충실히 했다. 여러 가지 명분을 쌓은 뒤 부모님에게 자전거를 사 달라고 했다. 이에 부모님은 자녀에게 흔쾌히 자전거를 사주었다. 이 중학생은 최종 목표를 성취하기 위해 명분을 축적한 것이다.

자신의 목적을 위해 주위의 동의나 이해를 차츰차츰 구해 나가는 전략이 명분 쌓기다. 명분이 쌓이지 않은 상태에서 일처리를 하면 주위의 비난을 초래할 수 있고 일 자체도 어그러질 수 있다. 명분은 특정 언행에 상대방이 고개를 끄덕이게 하는 배경이 되는 것이다. 중학생이 공부도 열심히 하지 않고 심부름도 하지 않았다면 자전거를 사기 어려운 것이다.

상대를 공격하거나 비판할 때도 명분을 축적해야 할 때가 있다. 그래야 제3자가 합당하게 여기고 수긍하는 것이다. 그렇지 않으면 오히려 본인이 위기에 처하고 공격 대상이 된다.

　일례로 상대가 받아들이기 어려운 제안을 한 뒤 이를 거절한다는 빌미로 공격하기도 한다. 무리한 제안이나 요구를 해서 작위적으로 명분을 쌓기도 한다. 과다 요구-거절-명분 축적-때리기 순으로 이어지는 것이다.

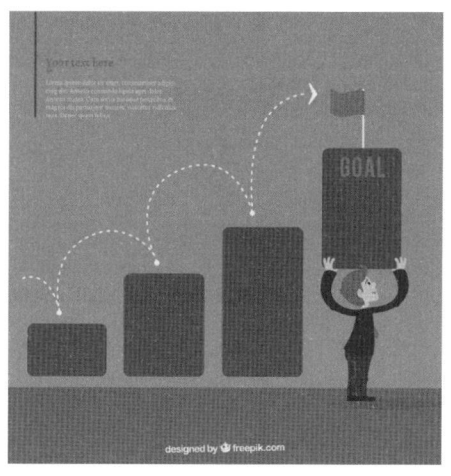

Section_ 14
'으름장' 놓기

인상 그리고 위협해 목적 관철하기도 _ '겁주기' 전술

가끔씩 부모가 심각한 표정을 지으면 자녀들이 알아서 공부하고 각자 조용히 제 할 일을 하게 된다. 직장에서도 상사가 때때로 험상궂은 표정을 하면 부하직원이나 후배들이 긴장해서 일처리를 한다. '겁주기 전략'이다.

인상을 그리는 것이 때로는 상대를 제압하기 위한 논리로 사용된다. 항의성명 발표로 으름장을 놓는 것도 겁주기다. 국가 사이에 무력시위를 하고 군인들이 공포탄을 쏘는 것도 겁을 주는 것이다. 겁을 줘 자신의 의사를 관철시키려는 것이다.

일상에서도 폭력배들이 위협적인 상황을 조성하면서 돈이나 귀중품을 뜯어낸다. 농담을 건네고 웃으면서 상대를 섬뜩하게 만들기도 한다. 이 방식은 위협하는 것보다 더 섬뜩하게 하기도 한다.

인상을 쓰는 것이 자신을 비난이나 비판으로부터 보호하기 위한 측면일 때도 있다. 주위 사람들에게 얕보이지 않으려는 것이다. 함부로 대하지 말라는 무언의 신호를 보내는 것일 수 있다. 눈을 부릅뜨고 침묵을 지키는 것도 비슷한 목적일 때가 있다. 무턱대고 장소를 가리지 않고 항상 인상을 쓰면 주위에 사람이 없을 수도 있다.

일부러 화 내 특정인 보호하기도 _ '주위 걱정 자아내기'

자녀가 동네 놀이터에서 다른 애와 싸워 이 아이를 다치게 하는 경우가 있을 수 있다. 부모는 이 애의 부모 앞에서 자신의 애한테 일부러 크게 화를 내고 심지어 엉덩이를 무지막지하게 때리기도 한다. 그러면 상대방이 오히려 "애를 너무 혼내지 마세요"라고 걱정한다. 엉덩이를 때리는 것은 실제로 자신의 아이를 감싸기 위한 행동이다.

음식점에서도 자녀가 실수로 그릇을 깨뜨리면 부모가 크게 화를 낸다. 남들이 비난을 하지 못하도록 선제 대응을 하는 것이다.

Section_ 15
어루만져주기

때로는 말 들어주는 것이 최상책 _ '달래주기 묘미'

젊은이와 어린이들이 토라지거나 불만이 있으면 달래고 말을 들어주는 것이 최고로 좋을 때가 있다. 다른 어떠한 말이나 행동보다도 조용히 얘기를 들어주고 어루만져 주는 것이 필요할 때가 있다. 상한 자존심을 되찾을 수 있도록 하는 것이다.

상대방의 감정 지수는 이성과 무관하게 하늘에서 땅끝 사이를 오갈 수 있다. 그렇기에 잘 달래고 어루만져 주는 것이 효과를 발휘한다. 나이가 지긋하신 부모님이나 어르신, 직장의 상사를 대할 때 무작정 얘기를 들어주는 것이 상대로부터 호감을 사기도 한다.

측근의 역할 중 "(주군의) 심기 경호가 제일 중요하다"는 말이 유행하기도 했다. 법을 집행하는 기관도 법률 조항과 원칙을 세세하게 따지기 보다는 국민의 '법 감정'을 더욱 중요시해야 할 때가 있다고 한다.

협상이나 회의에서 상대를 이해해주고 달래주면서 상대의 주장이나 방침을 스스로 거둬들이도록 할 때도 있다. 상대에게 좋은 말로 기대를 접도록 하고 대안을 모색할 수 있도록 도와주는 것이다. 윽박지르거나 강한 주장을 할 때보다 오히려 더 효과를 낼 수 있다. 달래기의 묘미다. '뿔'이 난 사람은 따뜻한 말로 화를 누그러뜨리고 안정시켜 줄 수도 있다.

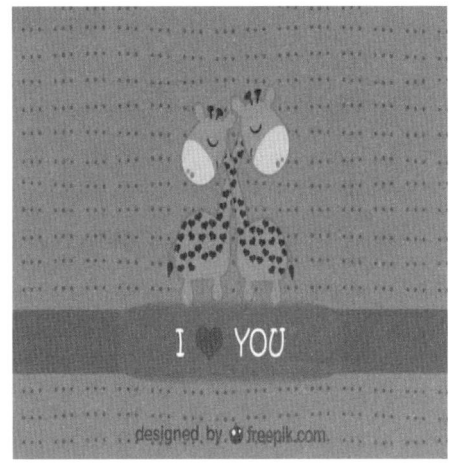

Section_ 16
'선물'의 정치학

마음이 담길 수 있도록 _ '뇌물의 동생 되면 큰일'

사회생활에서 설이나 추석이 닥치면 으레 선물을 주고받는다. 이 선물이 '미성(작은 정성)'으로써 관계를 더욱 끈끈하게 만드는 수단으로 작용한다. 가족이나 연인, 친구 사이에도 생일이나 결혼기념일 등에 선물을 주고받는다. 자신의 마음을 선물이라는 물품으로 표현하는 것이다. 선물의 '효용성'이다.

하지만 선물에 작은 정성만 담긴 것만은 아닐 때도 있다. 사회적 통념에 어긋나는 과도한 선물이 오고갈 때가 있다. 관급공사를 수주해야 하는 업체가 담당 공무원에게 수백만 원 대의 주류를 선물하면 뇌물인 것이다. 명절 때 보낸 이 선물을 인사치레로 여길 수도 있지만 해당 공무원은 사법처리 대상이 될 수 있다. 이때 선물은 뇌물의 '동생'쯤으로 봐야 한다.

'뇌물성 선물'은 받는 사람이 누구보다도 그 성격을 잘 안다고 한다. 나중에 돌려줬다고 하더라고 일정 시간이 경과하면 사법 처리가 될 수 있다.

사회생활을 하다보면 선물을 해야 하는 상황에서 선물을 하지 않아 께름칙한 느낌을 가질 때가 있다. 상대방이 내색하지는 않지만 섭섭한 마음을 갖기도 한다. 가끔은 후폭풍이 몰아치기도 한다. 연인이나 부부, 친구 사이에 생일이나 결혼기념일 선물은 관계를 업그레이드시킬 수 있다. 선물이 갖고 있는 다양한 '정치학적 의미'를 잘 활용하는 사람도 있고 그렇지 못한 사람도 있다.

Section_ 17
'잘못된 신호' 안 주기

분명하게 맺고 끊기_'잘못된 신호 주면 힘들어지기도'

울고 떼쓰는 아이를 애처롭다고 섣불리 달래면 잘못된 신호를 줄 수 있다. 부모들이 아이를 키울 때 많이 느끼는 일이다. 유아들은 자신의 욕구나 의지가 관철되지 않을 때 울고 떼를 쓴다.

이럴 때 한두 번은 아이의 의사를 들어주더라도 울거나 떼쓸 때마다 달래 주면 아이를 망칠 수 있다. 때로는 따끔하게 혼을 내 울음을 그치도록 해야 한다.

남녀관계나 사회생활에서도 똑같이 적용된다. 회사에서 동료나 거래처 사람들이 상식에 어긋나는 일을 요구하면 한두 번은 들어주더라도 그 이상 들어주면 잘못된 신호를 줄 수 있고 관계가 힘들어진다.

섣불리 달래면 두고두고 고통을 겪을 수 있다. 다음 상황을 예상하고 행동해야 한다. 인간관계나 회사 생활에서 울고 '떼쓰는'식으로 나오는 동료나 부하 직원, 후배를 섣불리 달래면 오해를 부를 수 있다. 맺고 끊기를 분명히 해야 할 때는 해야 한다.

'자랑질'..누구나 자랑하고 싶어 _ '기 살려 줄 필요도 있어'

아는 척하고 잘난 척하는 것은 대세에 지장 없을 때 받아 주는 것이 좋을 수가 있다. SNS상에서 친한 친구 사이에 '자랑질'을 할 때가 있다. 누구나 자랑질을 하고 싶어 할 때가 있고 상대가 이를 받아 주면 무척 고맙게 생각한다. 의도적으로 장단을 맞춰 주는 것이다.

상대가 자랑하는 것을 받아 주고 칭찬까지 해 주면 당사자는 자긍심을 높일 수 있다. 둘 사이의 관계도 더욱 발전시킬 수 있다. 서로가 좋은 것이다.

특히 아이들이 잘난 척하는 것을 받아주면 자신감을 가질 수 있다. 굳이 기를 꺾을 필요가 없을 땐 받아 주는 것이 도움이 된다는 논리다.

CHAPTER_03
논술

designed by Freepik.com

Section_01
반전 가하기

반전의 반전 되풀이도 _ '관객 흡입'

영화에서 악역으로 행세하는 듯한 사람이 영화가 끝날 때 쯤 착한 사람으로 드러난다. 이것이 반전이다. 또 악역으로 행동한 사람이 정의로운 사람으로 드러났으나 마지막에는 악역을 배후 조종하는 악의 화신으로 정체가 밝혀질 때가 있다. 반전의 반전이 이뤄진 것이다. 관객을 섬뜩하게 만들 수 있는 방법이다.

반전 논리를 확대하면 두 번은 '반전의 반전', 세 번은 '반전의 반전의 반전'이다. 외화 중에는 강렬한 반전을 서너 번이나 넣어 관객을 흡입하는 경우도 있다. 관객이 몸서리칠 정도로 악역을 하다가 갑작스럽게 선한 사람으로 바뀌기도 한다. 급반전이다. 한 차례의 반전이라도 깊숙이 넣어 주면 효과가 크다.

・・・

일상에서도 활용할 수도 있다. 여러 신문・방송사 기자들이 모인 자리에서 한 기자가 친분이 있는 다른 기자에게 "요즘 자네 신문의 정치면은 볼 게 없다"고 말을 떼면 상대는 의아해하고 불만의 빛을 보인다. 이에 "자네가 정치부에서 경제부로 가 있으니"라고 하면 이 사람은 '빵' 터지고 굉장히 뿌듯해 한다.

● ● ●

하나를 강조하기 위해서 반대되는 것을 전제로 내세우는 것이다. 영화에서 악역이 악역으로 끝나고 착한 사람이 착한 사람으로 '밋밋하게' 마무리되면 관객은 지겨워할 수 있다. 평점도 높게 매기지 않을 수 있다.

Section_ 02
과거사 치부하기

'이미 하고 있네요'_ 응수 화법

국회의 국정 감사나 대정부 질의에서 한 국회의원이 "잘못된 관행이 남아 있는 것 아니냐"고 질의하면 피감기관 관계자는 "그런 관행은 이미 오래 전에 끝났습니다"라고 답하는 모습이 종종 목격된다. 현재에 있을 법한 사실을 과거사로 돌리는 화법이다. 세련된 표현 기법이다.

• • •

회식이나 모임 자리에서 한 사람이 특정인이나 특정 문제에 관련해 '빅뉴스'를 전할 때가 있다. 이때 좌중에서 "오래된 얘기다. 구문(옛날 이야기) 아니냐. 그 사실을 몰랐느냐. 이제야 알았느냐. 오래 전부터 나돌았던 얘기다"며 일언지하에 상대의 기를 꺾어버린다. 이미 알고 있었을 수도 있고 짐짓 아는 척 할 수도 있는 것이다.

사법기관에서 어떤 사람의 범죄 혐의에 대한 조사를 미적대고 있을 때 언론사 기자들이 "조사를 해야 한다는 여론이 비등하다"고 시중의 얘기를 전하며 비판할 때가 있다. 이때 사법기관 관계자는 "이미 조사를 진행중이다"며 관련 사안을 일소에 부친다. 사법기관과 언론간의 신경전에서 흔히 볼 수 있는 장면이다. 실제로 조사를 진행할 수도 있고, 조사를 검토할 수도 있고, 단지 응수 차원에서 그냥 한 말일 수 있다.

  모임 등에서 간절한 부탁에 대해 "이미 하고 있네요. 이미 챙기고 있네요"라며 '이미' 식 표현을 많이 사용한다. 기업체에서 후배나 부하들이 빼어난 아이디어를 내놓을 때 "이미 나온 것 아니냐. 다 알고 있는 것 아니냐"고 말하기도 한다. 해당 상사는 이후에 이 아이디어를 자신의 아이디어로 각색해 상부에 올리기도 한다.

  어느 기관에서 특정 불법영업 단속을 본격화 한다고 공표하는 데 대해 언론은 "이미 피해자가 양산된 상황에서 때늦은 단속에 나선다"고 비판한다. 싸움하고 난 뒤 화해할 때나 할 말이 군색할 때 "과거 일 아니냐"며 넘긴다. 사과하기도 그렇고 사과받기도 애매모호한 상황에서 사용할 수 있는 말이다.

Section_ 03
3인칭화 하기

주관, 객관화 기법 _ '여유 · 웃음 화법'

어느 공무원은 업무 처리와 관련해 "반대자가 있다는 게지(것이지). 효과가 있다는 게지. 끝내야 할 때가 됐다는 게지"라는 어투의 말을 곧잘 사용한다. '~게지'라는 말로 자신의 주관적인 의견을 객관화하는 것이다. 듣는 사람 입장에서는 해당 공무원뿐만 아니라 많은 사람이 그렇게 생각하고 있는 듯 인식하게 된다. 상황을 객관화 해서 말의 신뢰도를 높이는 것이다.

단체에서 성명이나 입장을 발표하면서 "~를 비판하지 않을 수 없다", "~로밖에 보지 않을 수 없다", "~라고 생각하지 않을 수 없다", "~라고 하지 않을 수 없다"는 표현을 사용한다. 객관화 해서 많은 사람에게 공감을 일으키는 것이다. 아빠가 매일 늦잠을 자는 아들을 꾸중하면서 "게으름뱅이라고 하지 않을 수 없다"는 식으로 객관화하는 것이다. 주관적 견해를 객관화하는 기법이다.

스스로를 객관화하는 사람도 있다. 어떤 사람이 과로에 지쳤던 상황을 설명하며 "내가 죽을 수도 있겠구나라는 생각이 들었다"고 한다. 업무를 처리하면서도 "이 문제를 어떻게 봐야 하나. 이 문제를 어떻게 해결해야 하나"며 스스로 자문하며 객관화 한다. 자녀가 뾰로통하면 "요것이 삐쳤나. 업(UP) 시켜야 하나. 달래야 하나 말아야 하나. 어떻게 해석해야 되나"라고도 한다. 스스로와 상대를 객관화하고 제3자화 하는 것이다. 자신뿐만 아니라 주위에서 듣는 사람에게도 여유와 웃음을 줄 수 있는 화법이다.

일상생활에서나 대인관계에서 사람들과 대화 중에 "저녁 하십시다", "프로가 왜 이러서…", "이런…이런", "눈 치워야지. 해장해야지"라는 화법도 제안과 동참, 친근감, 유머 등의 의미를 곁들이며 객관화 할 수 있는 화법이다. 2인칭을 3인칭화 하는 것일 수도 있다. 유행어인 "느낌 아니까~", "헐~", "됐거든요", "광고 보고 갈게요~"라는 말도 이 범주에 속한다고 할 수 있다. 젊은 여성들이 전화 통화 등에서 짧게 끊어서 "네, 네"라고 한다. 강조와 함께 객관화 느낌을 준다.

Section_ 04
'특징' 짓기

짤막하고 명확한 메시지 발산 _ '~스타일 · 주의자'

 6월 초·중순이 되면 기상당국은 장마 예보를 하게 된다. 장마의 기간과 강우량을 전망해서 예보한다. 어느 해 기상당국은 "이번 장마는 짧고 강하다"고 밝혔다. 짤막한 한 마디가 장마의 전체적인 특징과 강우량 현황을 상징적으로 보여준 것이다. 특징짓기의 사례다.

 "김대리는 초식남이다"라는 말을 한다. 연애에는 관심이 없고 순한 양처럼 조용히 자신의 일과 관심사에만 신경을 쓴다는 말이다. "이과장은 실용주의자로 알려져 있다"는 얘기도 한다. 다른 어떤 가치보다 실용적인 면을 중시한다는 말이다. 어떤 사람을 짧은 어휘로 규정짓는 것이다.

· · ·

 '~주의자', '~과', '~전공' 등의 말을 붙여 특징짓기를 한다. 듣는 사람뿐만 아니라 당사자 또한 오랫동안 기억에 남을 수 있는 말이다. "어떤 캐릭터를 가졌다", "어떠한 스타일이다", "어떤 취향을 가졌다"라는 말도 쓴다. "센티멘털리스트", "교양 있는 분이야"라는 말로 특징짓기도 한다.

상대를 비판할 때도 특징을 짓는다. 어떤 일을 타성에 젖어 하는 것을 "매너리즘에 빠졌다"고 비판한다. 상대를 공산주의자로 몰아서 매도하는 행위에 "매카시즘 식 공격"이라고 비난한다. "스타일이 그렇잖아", "취향이 독특하잖아" 식으로도 활용하기도 한다. 대형사고가 터졌을 때 "후진국형 사고"라고 특징짓기도 한다.

Section_05
신조어 챙기기

'뇌섹남·워킹푸어·멘붕' 등 사고 확장 _ '단어의 힘'

  돈을 잘 굴려 더 큰 돈을 만드는 기술을 '재테크'라고 한다. 여기에서 다양한 말이 파생돼 사용되고 있다. '세테크'는 세금을 절감하는 기술을 말하고 '땅테크'는 땅으로 돈을 버는 기술을 말한다. 가난하다는 의미의 '푸어'를 붙여서 어려운 상황을 설명하기도 한다. '워킹푸어'는 열심히 일을 하지만 가난하다는 말이다. '하우스푸어'는 집은 있지만 대출금 등으로 인해 빚더미에 앉아 있다는 말이다. 단어의 확장이 논리를 이루는 경우가 적지 않다.

  '부산판 도가니 사건'이라면 '도가니 사건'과 유사한 사건이 부산에서 발생했다는 의미다. '서울판…', '대구판…', '인천판…' 등과 같이 '판'을 붙여주면 단번에 무슨 내용인지 알 수 있다. 이러한 것을 '미국판…', '일본판…' 등으로 확대할 수도 있다. '명절스트레스 증후군', '파랑새 증후군'과 같이 '증후군'을 붙여주기도 한다. '시월드'라는 말이 나오자 '처월드'라는 말도 통용된다. '버킷리스트'와 같이 '~리스트'라는 말도 쓰인다.

큰 충격이나 정신적인 혼란을 뜻하는 '멘붕(멘탈 붕괴)'이라는 말도 신조어로 자리 잡았다. 허벅지가 튼튼하다는 '꿀벅지'라는 말도 쓴다. '뇌섹남(뇌가 섹시한 남자)'이라는 말도 유행이다. '차도남(차가운 도시의 남자)', '초식남(초식동물과 같이 온순한 남자)', '이태백(이십대 태반이 백수)', '사오정(사십오세 정년)' 등의 말도 많이 오르내렸다. 신조어 전성시대다. '마피아'에서 유래된 '~피아'라는 말도 대유행이다. 관료가 퇴직한 뒤 산하 기관에 취업하면 '관피아'라고 한다. '모피아'를 포함, '해피아', '철피아', '언피아', '통피아', '세피아', '교피아' 등 다양하게 사용되고 있다.

• • •

똑같은 내용을 10여개 언론사가 보도하더라도 제목에 눈길을 끄는 단어를 집어넣은 기사가 독자에게 읽힌다. 논리는 사실상 단어의 힘이라고 하는 이도 있다. 그만큼 단어가 중요하다는 말일 것이다. 단어를 풍부하게 사용하면 모든 상황에서 논리를 압도할 수도 있다.

Section_ 06
'형님 먼저, 아우 먼저'

'앞뒤 상황·문장 바꿔주면 감칠맛'_'글쓰기·연설' 적용 가능

일상에서 서먹서먹해진 동료에 대해 제3자가 "밥과 술을 먹어야 화해할 수 있다"고 말하면 "화해를 해야 밥과 술을 먹을 수 있다"라고 되받을 때가 있다. 부모가 자녀에게 "열심히 공부하면 원하는 스마트폰을 사 주겠다"고 말하면 자녀가 "원하는 스마트폰을 사 주면 열심히 공부하겠다"고 응수할 수 있다. 뒤집어주기의 일종이다. 예전 TV광고의 '형님 먼저, 아우 먼저'라는 카피에서는 서로 양보를 하는 것이지만, 일상에서는 서로 양보를 받아내고자 할 때 상황을 바꾸기도 한다.

앞뒤의 상황을 바꿔주는 말이 유용하게 쓰인다. 때로는 큰 의미를 던질 수도 있다. "남북이 군축을 하고 왕래를 활성화해야 평화 통일을 할 수 있다"는 문장을 "평화 통일을 해야 남북이 군축을 할 수 있고 왕래를 활성화 할 수 있다"라고 바꿔서 주장할 수 있다. 기업이나 개인 사이에서도 "신뢰가 있어야 교류(거래)를 할 수 있다"는 말에 "교류(거래)가 있어야

신뢰가 생긴다"는 말로 응수할 수 있다.

• • •

말과 글을 거꾸로 배치하고 문장 내 단어·구절의 위치를 바꿔주면 큰 논리가 된다. 주어·술어·형용사 등의 위치를 바꿔주면 맛깔스러운 문장이 된다. 굉장히 신선하고 세련된 논리를 전개할 수 있고 사고 습관을 제고할 수 있다. 문장 바꾸기는 글쓰기와 발언, 연설에 적용이 가능하다.

"나는 공부하기 위해 학원에 간다"라는 문장을 "나는 학원에 간다. 공부하기 위해서다"라는 식으로 두 문장으로 끊어서 언급할 수 있다. 목적어와 부사 등을 앞세울 수 있다. "그녀가 깐깐하게 문제를 지적해 나는 늘 괴롭다"라는 말을 "문제를 깐깐하게 지적하는 그녀 때문에 나는 늘 괴롭다"로 바꿔줄 수 있다. 문장과 말에 감칠맛이 난다.

Section_07
'산뜻'한 표현

'상징어' 사용하면 신선함·유머 자아내 _ 생동감·반전 흐르기도

　서울 광화문에서 거래처 직원과 저녁을 하고 헤어지는 사람이 택시를 기다리면서 "어느 방향으로 가시느냐"고 묻는다. 이에 상대방은 "강남쪽"이라고 답한다. 그러자 "좋은(부자) 동네 사시네요"라고 한다. '강남에 아파트가 있다'는 것은 집이 넉넉함을 말해준다.

　오랜만에 친구를 만났을 때 "반갑다"라는 말보다는 "살아있네"라는 말이 생동감이 흐른다. 퇴직이 가까워진 사람에게는 "나이가 좀 드셨네요"보다는 농담 삼아 "연식이 되셨네요"라고 말하기도 한다. 소개팅에 나온 상대가 신상에 대해 꼬치꼬치 물으면 "호구조사 언제 끝나나요?"라고 응수하기도 한다. 친구 사이에 생년월일을 따질 때는 속어로 "민증(주민등록증) 까자"라고도 한다. 화가 났을 때 "뿔났다"라고 한다. 밥이나 술을 살 땐 "쏜다"고 한다. 어떤 안 좋은 상황을 해결하기 위해 기용된 사람은 '구원 투수', '소방수'라고 한다.

연인에게 "드라이버나 갈까?"라고 제안할 때는 '답답하니 일상에서 벗어나고 싶다'는 의미일 수 있다. 어떤 곳을 열심히 청소하는 사람에게 "수고하셨어요"라는 말을 하는 것은 "이제 (해당 공간에서) 나가주세요"라는 의미일 수 있다. 상징적인 말로 자신의 기분과 느낌, 마음 상태, 의견을 나타낼 수 있다.

• • •

미래 상황이 좋지 않을 것으로 전망되면 "빨간불(적신호)이 켜졌다", 좋을 것으로 예상되는 지표가 나오면 "파란불(청신호)이 켜졌다"라고 한다. 음식점에서 요리 과정에 마늘 등이 잡냄새를 없애줄 때 "잡냄새를 잡아준다"는 말을 많이 사용한다. 판에 박힌 말보다는 다른 말로 표현하는 것이 사고의 폭을 확대할 수 있는 좋은 방편이다. 때로는 신선함을 주고 때로는 유머러스한 느낌을 주기도 한다. 어떤 직책에서 물러날 땐 "옷을 벗는다", "짐을 싼다"고 한다.

Section_ 08
쏘아붙이기

상대방에게 잘못 각인시키는 효과 _ 상황 역전 전술

   어느 기업체 직원들이 점심을 인근 식당에 주문해서 사무실에서 먹었다. 식사를 마친 후 일이 바빠서 제대로 뒷정리를 하지 않았다. 출장을 갔다 온 막내 사원이 자신의 책상이 어지럽혀져 있는 데 대해 인상을 찌푸렸다. 식사를 한 직원들이 "(책상 위에 흩어진 휴지 등을) 치워줄까"라고 묻는다. 이에 막내 직원은 "진작에 치워주지 그랬어요"라고 쏘아붙인다. 상대방은 머쓱해졌다.

・・・

   아주 친분이 있는 두 학생이 중간고사 성적에 대해 의견을 나눴다. 한 학생이 "평균 85점을 맞았다"고 하자 다른 학생이 "겨우 그 점수야"라고 타박을 주었다. 이에 "너는 80점도 못 받았잖아"라고 쏘아붙였다. 쏘아붙이기 화법은 종종 유용하게 활용된다. 비난하는 상대방에게 잘못이 있음을 일깨워주며 말문을 닫게 하고 타박까지 주는 것이다. 상황을 역전시키는 논리다.

'친한 친구나 동료 사이에 화장실 세면대에서 물이 튀었을 때 "미안해요. 괜찮으세요?"라는 질문에 "예"라고 답하는 것 보다는 "(웃으면서) 안 괜찮은데요"라고 말하면서 점잖게 쏘아붙이기도 한다. 가볍게 '톡' 쏠 수 있고 상대를 미안하게 만드는 화법이다.

얼굴이 두꺼운 사람이 자신의 잘못에 대해 합당하지 않은 변명을 늘어놓을 때 상대가 "부끄러운 줄 아세요"라고 쏘아붙이기도 한다. 쏘아붙이기는 다시 한 번 잘못을 각인시키는 효과가 있다.

Section_09
'비판' 뒤집기

동감하고 한 발 더 뻗대 _ '비난 무력화'

토론회나 공청회에서 다른 패널이 비판을 하는 데 대해 "훌륭한 지적 고맙습니다", "좋은 말씀 감사합니다", "날카롭게 분석해주셨습니다"라는 전제를 깔고 상대의 주장에 조목조목 반박하면 세련돼 보인다. 상대의 비판에 목소리를 높이는 것보다 오히려 더 강력하게 어필할 수 있다. 제3자나 청중들에게도 호소력이 높다. 탁월한 역공의 논리다.

회의 자리나 사적인 모임에서 뜻하지 않게 비난을 받거나 듣기 싫은 말을 들을 때가 있다. 이럴 때 "나도 그렇게 생각해", "동감해"라고 하면 비난하는 사람이 머쓱해진다. 강력한 반발보다 더 효과적이다. 세게 동감을 표하면 오히려 비난이 무의미해지기도 한다.

· · ·

연말 송년회에서 경제적으로 부유한 친구가 주위에서 "구두가 왜 그 모양이야"라고 흉을 보는 데 대해 "요즘 돈이 없어서"라고 응수하면 '빵' 터진다. 상대가 비난·비판성 말을 할 때 과감히 인정하고 더 심한 말을 해서 상대를 당황스럽게 하는 전략이다. 한 단계 더 나아가 "몇 백만 원 주고 산 것인데 이 모양이야"라고 뒤집으면서 상대를 놀라게 할 수도 있다. 상대가 "~현상에 대해 ~콤플렉스 있잖아"라고 가볍게 비난하면 "맞아"라고 맞장구친 뒤 "난 환자 수준이야"라면서 더 심한 말을 하면 상대가 휘둥그레지기도 한다.

상대가 혹독하게 비난할 때 "잘못만 지적하지 말고 대안을 제시해 달라"라고 응수하기도 한다. 비난이 탐탁지 않을 때 주로 사용한다. 한마디 덧붙여 "대안 제시 능력이 경쟁력이고 진정한 비판"이라고 하기도 한다.

Section_ 10
'처음' 애용하기

첫 번째는 각인 효과 커 _ '첫' 상시 활용

"이렇게 좋은 날은 처음인 것 같아", "이렇게 행복한 날은 처음이야", "이렇게 좋은 술자리는 처음이야", "이렇게 아름다운 사람을 만나기는 일생일대 처음이야", "이렇게 잘 생긴 사람을 보기는 처음이야", "이렇게 멋진 장면은 난생 처음이야."

상대에게 기쁨과 뿌듯함, 만족감을 줄 수 있는 코멘트다. '처음'이라는 말을 활용하면 공짜로 환심을 살 수 있고 서로의 관계도 증진시킬 수 있다.

부모가 자녀에게 "너같이 말 안 듣는 아이 처음 봤다"라고 말할 때도 있다. 상대를 질책하거나 비난할 때도 효과적으로 사용할 수 있다. 상대에게 잘못이나 오판, 오류를 일깨워 줄 수 있는 코멘트다.

신문이나 방송 기사에서 '첫 실시', '첫 도입', '첫 적자', '첫 번째 기록' 등 '첫'이라는 단어를 제목에 많이 올린다. '처음'의 효과를 이용하는 것이다. 독자나 시청자에게도 기억에 남는다. '첫 키스의 추억'이라는 말도 있다. '첫사랑'을 특별하게 여기기도 한다.

Section_ 11
접두어 '힘'

상황 강조하고 전달력 높이고 _ '반대 접두어 붙이기도'

비상한 상황을 강조할 때 '초비상'이라고 한다. 사태의 진전이 빠를 땐 '급진전', '급물살'이라고 한다. 어떤 상황을 강조해서 표현하거나 상대가 명확하게 인식할 수 있도록 하기 위해 단어에 접두어를 넣어준다. 전달력을 높일 수 있는 논리다. 신문과 방송에서 애용되고 일상에서도 널리 쓰인다.

태풍이 아주 강력할 땐 '초강력 태풍'이라고 한다. 재료나 능력이 많이 부족할 때는 '태부족'이라고 한다. 선거에서 두 후보자가 치열한 경합을 벌일 때 '초박빙'이라고 표현한다. 난리나 쇼에 접두어를 넣어 '생난리', '생쇼'라고도 한다.

접두어를 넣어 주는 것은 문법적 논란이 있을 수 있지만 현실에서 많이 사용된다. 쉽게 강조할 수 있기 때문이다. 생각과 논리를 확장할 수 있는 방법으로 활용할 수도 있다. 우선 사항 중 가장 우선적인 것은 '최우선'이라고 한다. 상황이 아주 고조될 때는 '최고조'라고 한다.

• • •

　반대되는 접두어를 넣어줘 인식을 확장하기도 한다. 동서 간 냉전이 풀리고 평화의 시기가 도래했을 때 '탈냉전'이라고 한다. 이념에 집착하는 것을 반대해 '탈이념'이라고 한다. 투명하지 못하면 '불투명'이라고 한다. 단순한 어휘에 반대 의미인 '비', '탈', '불'을 붙여 주는 것도 논리적인 사고로 비쳐질 수 있다. '전략적(특정 목적을 위한 고려) 인내'를 '전략적 비인내'로 사용할 수 있다. 상식이나 규범에 어긋난 행동을 할 때 '몰상식인 사람. 몰지각한 행위'라고 비판한다.

Section_ 12
숫자로 설명하기

내용 명확하게 전달 _ '이해력 높여'

 신문기사의 제목에 기사의 핵심적인 내용을 대변할 수 있는 숫자 1개를 넣어 주면 독자들이 쉽게 이해할 수 있다. 내용이 각인되는 것이다. 제목에 숫자를 2개 넣어 주면 이해력을 높일 때도 있지만 그렇지 않을 때도 있다. 3개를 넣는 것은 숫자를 넣지 않는 것만도 못할 때가 있다.

 설명·주장 시에도 숫자 1~2개를 제시하는 것은 설득력을 높이는 기법이다. 기사 내용에 '3대 의혹. 3대 미스터리. 3가지 의문점' 등의 형태로 사용된다. 분석 내용을 1, 2, 3, 4, 5 등으로 숫자를 매겨 설명하면 산뜻한 느낌을 주고 이해력을 높인다.

• • •

 똑같이 숫자로 제목을 표현하더라도 정확성에 큰 차이가 없으면 큰 숫자가 작은 숫자를 압도한다. 일례로 1명이 사망하고 3명이 부상했을 때 제목에 "1명 사망"이라고 하기 보다는 "4명 사상"이라고 표현하는 것이다. 그러나 3명이 사망하고 2명이 부상했을 땐 "5명 사상" 보다는 "3명

사망"이라는 표현을 많이 쓴다.

 독자에게 다가가는 것을 기준으로 따지는 것이다. 피부에 와 닿는 정도가 큰 내용을 제목으로 올려야 한다. 추상적이고 감이 안 잡히는 숫자는 기피 대상이다. "일자리를 63만 개 만든다"는 표현은 정확하게 인식하기 어렵다. "일자리를 60만 개 만든다"는 내용이 오히려 전달력이 높다.

 숫자를 10 단위로 끊어 주면 명확해진다. 최소 5단위로는 끊어 줘야 분명해진다. 북한에서는 어떤 행사의 5년, 10년, 15년이 되는 해를 꺾어지는 해라고 하면서 각별한 의미를 부여하기도 한다.

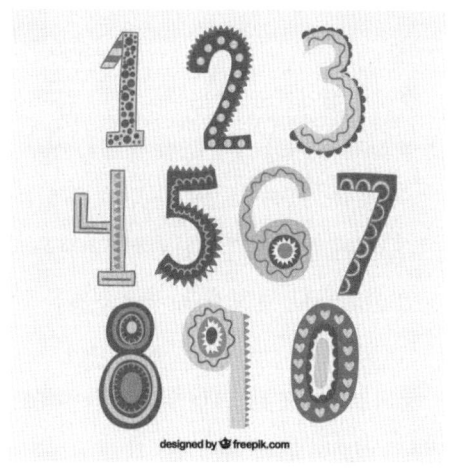

Section_ 13
전제 깔아 주기

'공짜'로 인심 얻는 기술 _ '생각 확장'

어느 기업인은 사람들과 만날 때 "와 주셔서 감사합니다"라는 표현보다는 "바쁘실 텐데 와 주셔서 감사합니다"라며 항상 전제를 넣어준다. 모임 참석에 대한 사의 표현도 "감사합니다"보다는 "요즘 업무에 여념이 없다고 들었습니다. 귀한 시간 내주셔서 감사합니다"라고 한다. 전제를 한두 개 걸어 주는 것이다.

전제로 걸어 주는 말은 해도 되고 안 해도 되지만 듣는 입장에서는 고마움을 느끼게 되고 상대를 예의 있는 사람으로 평가한다. 전제를 걸어 주는 쪽에서는 '공짜'로 인심을 얻을 수 있는 기술이다. 때로는 이해도도 높인다. 어떤 문제 해결과 관련해 "최선을 다하겠다"라는 표현을 "쉽지 않지만 최선을 다 해 보겠다"라고 전제를 깔아 준다. 이게 논리일 수 있다.

• • •

반대로 "(잘못된) 그런 일까지 하시네요"라는 비판보다는 "(본연의 업무에) 바쁘실 텐데 (잘못된) 그런 일까지 하시네요"라고 하면 비판의 강도가 세진다. 전제를 넣어 줌으로써 생각을 하나 더 확장하는 것이다. "고맙지만 선약이 있습니다. 죄송하지만 약속이 있습니다" 식으로 간단하게 전제를 걸어 주기도 한다.

친구나 동료 사이에 새로운 얘기를 할 때 "이런 얘기 들어봤어"라고 전제를 걸어주는 사람이 있다. 새로운 소식이나 뉴스를 전하겠다고 고지하면서 상대방이 귀를 기울이게 하는 말이다. 자녀에게 "한 번만 얘기할 테니 잘 들어라"라고 하기도 한다.

직장에서 동료가 까칠하게 응대하는 날이 있을 수 있다. 이런 상황에서 "왜 그러냐"고 바로 따지 듯 묻기 보다는 "평소의 네답지 않게 왜 그러냐"고 전제를 깔아주는 말을 넣어주면 상대가 자신의 상황을 객관적으로 이해하려고 노력할 수도 있다.

Section_ 14
현재 · 과거 문장 바꿔치기

세련 _ 결과 '툭' 던져 집중토록 한 뒤 원인 설명

문장에서 과거와 현재 상황을 설명할 때 과거를 먼저 서술한 뒤 현재를 서술하는 게 일반적이다. 하지만 현재를 먼저 서술하고 과거를 서술해 주면 세련된 느낌이 들 때가 있다. 회의에서 의견을 낼 때나 연설에서 공개 주장을 할 때 적용할 수 있다.

• • •

예컨대 "영희는 3학년 때 너무 놀았다. 그래서 4학년인 지금은 아주 열심히 공부한다"라는 문장은 "영희는 4학년인 지금 아주 열심히 공부한다. 3학년 때 너무 놀았기 때문이다"로 바꿔줄 수 있다. 현재와 과거 문장을 바꿔 주는 것이다.

"영희는 늦잠을 잤다. 그래서 버스 대신에 택시를 타고 학교에 부랴부랴 갔다"는 문장을 "영희가 버스 대신에 택시를 타고 학교에 갔다. 늦잠을 잤기 때문이다"로 바꿔 줄 수 있다. 앞과 뒤의 상황을 역으로 서술하는 것이다. 나중에 발생한 것, 결과를 '툭' 던져서 듣는 사람을 의아하게 만들어 집중하게 한 뒤 원인과 배경을 설명해주는 방식이다.

"~해서 ~하다"를 "~하다. 그것은 ~때문이다(그것은 ~이유에서다. 그것은 이 때문이다. 그것은 ~와 무관치 않다)"는 식으로 사용할 수 있다.

Section_ 15
'비유'의 마법

비유는 생각·논리 확장 _ '쉽게 이해'

평소 어렵게 여기던 애물단지 같은 일이 해결됐을 땐 "앓던 이가 빠졌다"고 한다. 이 말을 듣는 상대방은 그간의 사정을 대략적으로 짐작할 수 있다. "당신은 마음이 바다처럼 넓어서 좋아요", "집채 만한 파도가 몰아쳤다" 등의 형태로 비유적인 표현을 사용하기도 한다.

비유적인 표현은 생각과 논리를 확대하는 방법이다. 기사문에서 제목을 정할 때 비유적 단어나 표현은 독자의 눈길을 사로잡는다. 특히 어린이들에게 어떤 상황이나 현상을 비유적으로 설명하면 쉽게 이해하기도 한다.

유통 기한은 음식이나 식품 등에 사용한다. 이를 "둘 사이 사랑의 유통 기한이 지났다"로 변형하기도 한다. 허니문은 갓 결혼한 남녀가 다툼 없이 평안한 나날을 보내는 기간을 말한다. 이를 정치권에 적용해 "(집권초 청와대와 야당의) 허니문이 끝났다"라고 하기도 한다.

부부 사이에 갈등이 끝나고 사이가 좋아지면 "냉전이 끝나고 평화체제가 구축했다"고 한다. 머리를 깎았을 때는 '지붕 개량'이라고 한다. 쌍방과실은 교통사고 조사 때 쓰는데 이를 남녀관계에 적용해 '이혼은 쌍방과실'이라고 하기도 한다.

・・・

　결론이나 교훈을 미리 뽑아놓은 채 남녀관계를 소재로 삼아 관심을 촉발하며 내용을 설명하기도 한다. 어느 영화에서는 위급한 상황에 처한 연적을 도와주는 상황을 설정해 '배려의 숭고함'을 보여 준다. 강연에서도 남녀관계를 소재로 삼아 주제를 설명하면 청중이 솔깃해 한다.

Section_ 16
'오히려' 넣어 주기

문장 사이에서 강력한 강조_'뚜렷한 전달력'

'오히려'를 배치하면 효과적인 역설이 된다. '부자일수록 오히려 절약 정신이 투철하다', '(골프에서) 무욕이 오히려 장타 비결이다', '아빠는 자녀에게 많은 관심을 쏟기보다는 오히려 무관심한 게 좋다는 평가를 받는다', '채소 중 벌레 먹은 것이 오히려 친환경이라는 주장도 있다', '비온 뒤 땅이 오히려 더 굳어진다', 'A후보의 지지율 상승은 유세를 잘 하고 정책이 좋았다기 보다는 오히려 B후보의 실수와 실언에 따른 것이다' 등의 형태다.

'월급은 해마다 오르지만 일상은 갈수록 팍팍해진다'라는 말과 같이 문장의 앞과 뒤에 역설적인 내용을 배치하면 강조 화법이 된다. 말하는 사람의 의도와 뜻을 더욱 분명히 밝힐 수 있는 어법이다. 뚜렷하게 의사를 전달할 수 있다.

단어를 역설적으로 배치할 수도 있다. '느림의 미학'이라는 단어를 들 수 있다. 느림은 통상 굼벵이, 낙오 등의 이미지를 갖고 있다. 하지만 일상에서 빠름보다 느림의 유용성(효력)이 있을 수 있다. 느리게 추진해야 제대로 일을 할 수 있을 때가 있다.

"절제미를 통해 극도의 만족감을 느낀다"고 한다. "쥘수록 빠져나가고 비울수록 채워진다", "장수를 하는 노인 대부분은 (음식을 적게 먹는) 소식을 한다" 등의 표현이 있다.

Section_ 17
단어 반복하기

주장 · 의견 명확하게 드러내 _ '대화체 유용'

"너와는 달라도 너~무 너~무 달라…", "영화가 너~무 너~무 재미있네…", "아찔해도 너~무 아찔해…" 일상생활에서 흔히 들어 볼 수 있는 말이다. 단어를 반복하는 것은 자신의 주장을 명확하게 드러낼 수 있는 논리다. 글을 쓸 때와 말을 할 때 똑같이 적용된다. 특히 대화체에서 유용하게 쓰인다.

어느 강연에서 "부부에게 가장 중요한 게 뭐라고요?"라고 연사가 청중에게 묻는다. "사랑이요"라고 대답하면 "안 들려요"라고 한다. "사랑이라고요"라고 재차 답하면 "맞습니다. 사랑입니다"라고 한다. 연인이나 자녀와의 대화에서 "나에게 하고 싶은 말 없어?"라고 묻는다. "사랑해"라고 답하면 "뭐라고?"라고 되묻는다. "사랑한다고~"라고 하면 "안 들려"라고 한다. 그럼 다시 한 번 "사랑한다고요"라고 한다. 반복 대답을 유도해서 듣고 싶은 말을 강조.확인하는 것이다.

혼자서 불평을 늘어놓을 때 "젠장"이라고 한다. 이를 "젠장…젠장", "젠장…젠장…젠장"으로 반복하면서 불평을 하고 스트레스를 푸는 사람도 있다. 일상에서 어떤 사안이 불합리할 때 "아닌 건 아니잖아"라고 한다. "아는 사람은 알아"라는 말도 많이 쓴다. 똑같은 말을 덧붙이는 방식으로 강조한 것이다.

북한의 신문과 방송은 관영이 많다. 이에 따라 비슷한 내용을 반복해서 내보내는 경향이 있다. 행사나 현안에 북한 노동당 기관지인 노동신문이 언급하면 조선중앙방송 등 여러 방송과 잡지에서 잇따라 '반복 보도'를 한다. 강조하기의 일환이다.

CHAPTER_04
조직

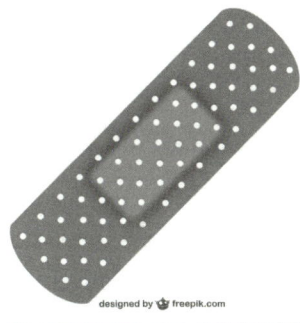

designed by Freepik.com

Section_01
'2인자' 처신

'부'자 붙은 직책 업무 수행 쉽잖아 _ '아슬아슬한 줄타기'

서울의 한 자치구 부구청장은 처신의 어려움을 이렇게 토로했다. "의욕적으로 열심히 일하면 구청장이 '차기 지방선거에 나와서 자신과 붙으려는 것 아니냐'며 의심하고, 업무를 대충 처리하면 '(부하 직원 등으로부터) 놀고먹는 것 아니냐'는 비난이 돌아올 것이 신경 쓰인다"고 했다.

· · ·

부구청장 뿐만 아니라 부시장·부지사·부사장·부사단장 등 '부'자가 달린 자리는 까딱 잘못하면 욕을 먹기 십상이다. 조직에서 2인자의 처신이 쉽지 않다는 것이다. '장'의 견제 대상이 되고 부하 직원들이 늘 지켜보고 있기에 아슬아슬하게 줄타기를 해야 한다. 이것이 때로는 '부'자가 붙은 사람이 살아남을 수 있는 길이다.

'부'자가 붙은 자리에 앉은 사람은 '장'의 지시를 충실하게 이행하면서 부하직원들로부터는 일을 잘 한다는 칭송을 듣는 게 본인에게 득이 된다. 조직 사회에서 2인자가 1인자에게 머리를 깊숙이 숙이는 것도 생존의 방법이다. 그렇지 않으면 3, 4, 5인자 등 그 이하의 사람들이 2인자를 치면서 그 자리를 탐할 수도 있기 때문이다.

어느 한 정당에서 소장파 의원이 당의 2인자급에게 1인자의 의중에 반하는 행동을 했다고 공개적으로 비판을 하기도 한다. 이 소장파 의원은 1인자에게 충성을 은근히 과시하는 수단으로 2인자를 활용했을 수 있다. 때로는 2인자가 약간의 잘못을 범해도 이를 크게 부풀려서 강하게 비난하기도 한다. 1인자는 소장파 의원을 겉으로는 나무라지만 속으로는 기특해 할 수도 있다.

Section_ 02
'모르는 척'하는 센스

'해답 내놓고 오히려 손해 볼 수 있어'_ 정답 쥐고 있어야 할 때도

　기업체에서 새로운 프로젝트에 대해 회의를 하면 참석자들이 의견을 내놓는다. 참석자 중 막내뻘 되는 직원은 이 프로젝트와 비슷한 일을 한 적이 있어 내용을 훤히 꿰고 있다. 하지만 임원과 부장이 참석한 자리에서 자신의 의견을 내놓지 않는다. 정답을 알고 있어도 모르는 척 해야 할 때가 있다. 아는 척하면 찍힐 수 있기 때문이다.

　어떤 문제에 대해 완벽한 정답을 가지고 있어도 떠들지 말아야 할 때가 있다. 정답과 해답을 제시하면 참석자 중 베테랑 직원이 좋지 않게 생각하거나 동료가 경쟁심을 느낄 수 있다. 정답을 쥐고 있는 것이 본인에게 이로울 때가 있는 것이다. 경청만 해야 할 때는 경청만 해야 한다.

　'모르는 척 하는 센스'라고도 한다. 어떤 사안에 대해 관련분야 전문가인 동료나 상사 앞에서 언급을 하면 이들의 자존심이 상할 수 있다. 동료

나 상사 등을 배려하기 위한 것이다. 회의를 마친 후 조용하게 정답을 알려주는 센스도 필요하다. 조직생활의 요령이다. 전문가나 전공자 앞에서 더 나은 내용을 설명하면 격찬을 받는 것이 아니라 오히려 이들의 심기를 자극할 수 있다. 때로는 시기·질투의 대상이 돼 큰 어려움에 직면할 수 있다. 협상에서는 자신의 카드를 보여 주지 않아야 할 때가 있다. 속된 말로 '카드를 까면' 상대가 이를 읽고 대응하기 때문이다.

∴

어떤 직원은 정답을 쥐고 있다가 결정적 순간에 풀어서 확실한 '득점'을 한다. 사장 주재 회의에서 좌중을 압도하며 모두가 깜짝 놀랄 정도로 프리젠테이션을 잘 해 확실히 인정받기도 한다. 빼어난 의견은 팀장이나 부장, 국장 등의 과정을 거치면 누구의 아이디어인지 분간이 안 될 때가 있다.

청춘 남녀가 등산을 했다. 사귄 지 얼마 안 되는 이들은 서로의 체력 수준이나 등산 실력을 몰랐다. 여성은 평소 회사 동료들과 주말마다 등산을 해 전문가 수준이다, 남성은 일에 파묻혀 체력이 바닥난 상태였다. 남성이 산 중턱에도 채 오르지 못한 상태에서 '헉헉'대며 낙오 상태에 처했을 때 여성은 일부러 더 힘들어하며 연기를 할 수 있다. '못하는 척' 하면서 상대의 호감을 사는 전략이다.

Section_03
인사 불만 달래기

"다음에 보자"_'열정 북돋우고 불만 누그러뜨려'

광역 자치단체의 한 고위 간부는 직원들의 인사 불만 시 무조건 "다음 인사 때 보자"고 한다고 한다. 실제 다음 인사 때 어떻게 될지 모르고 책임은 못 진다. 하지만 그렇게 말하면 해당 공무원은 더욱 열심히 일하고, 그 결과 다음 인사 때 승진이나 영전할 가능성이 크다.

또 간부 입장으로서는, 일시적으로 해당 직원의 불만도 누그러뜨리는 효과도 있다고 한다. 부하 직원들의 인사 불만을 달래는 논리다.

한 기업체의 간부도 인사철마다 부하 직원들의 불만이 만만치 않다고 한다. 후배 직원이 불만이 있을 땐 "다음 인사 때 (승진·영전) 해줄게"라고 한다고 한다. 공수표를 남발하는 것으로 해석할 수도 있지만 상급자가 곤혹스러운 상황을 벗어나는 방법일 수 있다. 나중에 인사 혜택을 주지 못하게 되면 "상황이 여의치 않네"라고 한 번 더 다독거려 주는 방식을 쓴다고 한다.

휴대폰을 판매하는 가게에서 스마트폰을 구입한 고객이 케이스 같은 사은품을 끼워달라고 요구할 때 "현재 물량이 떨어졌다"며 나중에 준다고 할 수 있다. 가게에 물품이 있더라도 미루는 것이다. 고객이 나중에 안 찾아오면 물품이 비축돼 본인에게 이득이고, 찾아와서 물품을 주면 그 때 "고맙다"는 말을 들을 수 있다. '미루기'의 효과라고 할 수 있다.

Section_ 04
'상사 때리기' 간파하기

직장 상사의 라이벌 자극해 공격 유도 _ '비정'

두 기관 혹은 두 기업체가 경쟁하고 대치할 때 한 곳의 참모가 상대편 수장을 자극할 때가 있다. 이를 통해 상대편 수장이 자기 편 수장을 치도록 하는 것이다. 이후 자신의 수장이 힘을 잃으면 참모가 수장으로 '수직 이동' 한다. 상사의 라이벌에게 상사를 치도록 유도하는 전술이다.

• • •

조직 내에서 좋지 않은 모습이지만, 생사의 현장에서 일어나는 일이다. 상사의 대표적인 정책에 상대편이 '딴지'를 걸도록 하는 방법도 활용된다. 상사가 추진하고 있는 정책을 무력화시키기도 한다. 고위 직군 프로들의 세계에서 종종 횡행하는 수법이다.

참모가 상사의 자리를 차지한 뒤에는 "상사의 정책이나 방침대로 나아가면 조직이 망한다"는 명분을 제시하며 변명한다. 혹은 "상사의 행위가 정의롭지 못한 일"이라고 비판하면서 자신의 행위를 정당화 하기도 한다. '쿠데타의 논리'와 연결된다. 도중에 발각되면 항명 · 반역죄로 다스려진다.

　세계적인 기업체의 한 직원은 동료와의 경쟁이 가장 힘들다고 토로했다고 한다. 큰 조직에서는 동료가 아군인지 적군인지 헷갈릴 때가 많다. 개인의 발전과 프로젝트(정책·사업)의 성과, 조직 전체의 이익이 항상 같은 방향으로 움직이지 않기 때문이다. 일견 자연스러운 현상으로 볼 수도 있다.

Section_ 05
걸치기

사전에 양해 구하고 매끄럽게 실행 _ '잦으면 양치기 소년'

직장에서 일찍 퇴근하기 위해(혹은 야근에 불참하고 정시 퇴근하기 위해) 미리 점심시간 때쯤 동료들에게 "아내(와이프)가 생일이라고 문자까지 보냈네"라며 걸쳐준다. 그러면 일찍 퇴근해도 동료들이 별다른 문제 제기를 하지 않는다. '걸치는 말'로 동료들에게 양해를 구했기 때문이다.

직장 동료나 선후배 사이에 점심식사 제의를 받을 때 참석자가 궁금할 때가 있다. 이에 곧바로 "누구랑 함께 식사 하는데요"라고 물으면 상대에게 불쾌감을 줄 수 있다. 사람과 자리를 가린다는 인상을 줄 수 있기 때문이다. 이때도 걸치기를 할 수 있다. "취소(캔슬) 가능한 자잘한 약속이 있는데요…"라고 걸치면서 상대방이 자연스럽게 참석자를 이야기하도록 유도하는 것이다. 상대방의 기분을 상하지 않으면서 자신의 궁금증을 해소하는 것이다.

걸치기를 남용하면 상대방은 '으레 그런 말을 하는 사람'으로 여길 수도 있다. '양치기 소년'이 되는 것이다. 거짓말로 걸치기를 하면 큰 어려움에 직면할 수 있다.

'기분 상하게 하고 싶지 않은데요'..'비판의 방법' _ 칭찬한 뒤 비판하면 객관성 확보

'기분 상하게 하고 싶지는 않은데요', '이런 말해서 미안한데요', '불쾌하게 생각하지 마세요', '면전에서 이런 말하기가 좀 그런데요', '대놓고 말해서 죄송한데요'라고 전제를 깐 뒤 상대가 언짢아하는 말을 하기도 한다. 비난이나 비판의 방법이다. 전제를 깔아서 '약간 충격적인 얘기가 시작된다'는 것을 알리는 것이다.

상대에 대해 일부 칭찬하면서 비판하면 그 비판이 객관성을 확보하기도 한다. 비판의 공감대를 넓히고 상대가 수긍할 수도 있다. "이런 면은 참 좋고 훌륭하다. 하지만 이런 부분은 개선해야 할 것으로 생각된다"는 식으로 비판하는 것이다.

Section_06
카리스마 만들기

양보가 사람 움직여 _ '희생의 정치학'

　북한 취재단에 속한 한 신문사 기자가 평소 경쟁 관계에 있는 신문사 기자의 (특종 욕구에 따른) 실수에 대해 대승적인 모습을 보였다. 이 기자는 자신이 낙종할 수 있음에도 취재단의 간사로서 이해하고 양보한 것이다. 이 기자는 주위 기자의 마음을 얻는 등 작은 것을 잃고 큰 것을 차지한 것이다.

　　　　　　　• • •

　회사 생활이나 사람들 사이의 관계에서 카리스마는 조직이나 모임을 이끌어가는 중요한 방법이다. 카리스마를 형성하기 위해서는 시의적절한 양보와 희생이 필요하다. 양보와 희생이 감동을 부르고 사람들을 움직이는 것이다.

　카리스마를 만들려는 사람은 결정적으로 승부를 가르는 사안이 아니면 양보하는 경향이 있다. 평소에는 이웃집의 인상 좋은 아저씨처럼 행동하다가 결정적 순간에는 카리스마로써 자신의 주장을 관철하는 것이다.

거꾸로 보면, 카리스마를 행사하려면 평소에 점수를 따서 사람들을 따르게 해야 한다.

여러 사람이 다투는 것을 과감히 양보하고 포기하면 이후에 더 큰 것이 들어올 때가 있다. 당장 손해를 봐도 얼마 후 큰 이익으로 돌아오면 남는 장사를 하는 것이다. 설혹 이득이 없더라도 주위의 인정을 받고, 감동을 자아낼 수 있다. '희생의 정치학'이라고 평할 수 있다.

Section_ 07
조직 논리 헤아리기

일 잘하는 사람에게 많이 맡길 수도 안 맡길 수도 _ '눈치껏'

어느 공공기관에서는 일을 잘하고 업무성과가 뛰어난 사람에게 일을 많이 맡기지 않는다. 통제가 쉽지 않다는 이유에서다. 어느 기업에서는 일 잘하는 사람에게 일을 몰아준다. 더 큰 성과를 내 조직을 빛내달라는 의미라고 한다.

기업이나 공공기관에서는 조직의 성격, 책임자의 취향, 구성원의 특성, 일의 성격에 따라 다양한 조직의 논리가 흐른다. 조직 내에서도 부서별로 문화가 다양하다. 조직에 흐르는 분위기를 잘 파악해 그에 맞게 대처하는 사람이 있는 반면 그렇지 못한 사람이 있다. 조직은 주기적으로 변덕이 심하기에 눈치껏 행동하는 사람이 '위너'가 될 때가 있다.

· · ·

조직에서 적극적인 사람을 요구하는지 혹은 소극적인 사람을 원하는지를 잘 헤아리는 것이 중요하다. 기관·단체에서 수장이 '연성(부드러운 인물)'을 참모로 기용하려고 하는데 '강성(강한 인물)'이 눈치 없이 나설 때가 있다. 강단 있는 사람을 요구하는데 부드러운(유한) 사람이 그 자리에 가면 '사달'이 난다. 수장은 바뀌기 마련이고 개인은 적성과 특성에 맞는 자리에 가야 능력을 발휘할 수 있다고 한다.

 조직에서 본인이 빼빼하게 보여야 할 때는 빼빼하게 보여야 하고 당차게 보여야 할 땐 당차게 보여야 한다. 조직생활에서도 때로는 연기를 잘할 필요가 있다. 어떤 조직은 조그만 비리를 저지른 구성원을 과감히 내치며 아무런 일이 없었다는 듯 '화장'을 하기도 한다. 조직의 생존을 위해서다. 그러면서 일벌백계를 했다고 한다. 때로는 무섭게 돌아가는 것이 조직의 논리다.

Section_ 08
싸움 붙이기

조직 2~3인자 서로 견제토록 _ '용인술'

후배나 부하 직원들이 모의(작당)해 대들지 못하도록 하기 위해 그들 사이에 싸움을 붙여 서로 경쟁하도록 만드는 전술을 사용한다. 이를 통해 보스나 상사는 권력이나 권위, 자리를 안정화 한다. 이와 동시에 충성을 유도할 수 있다. 나아가 경쟁을 통해 업무 성과를 높일 수 있고 상호 간 비리 견제도 하게 한다. 상사 헐뜯기도 함부로 못하게 한다. 어느 지도자는 2인자를 철저히 배제하고 부하들이 늘 경쟁하도록 했다. 용인술이다.

• • •

싸움 붙이기는 "누가 그러던데…"라고 제3자를 인용하거나 "(경쟁관계에 있는) 어떤 직원이 이렇게 말하더라"라며 대놓고 얘기하는 방식을 쓴다. 상사는 "(회사를 위해) 모두 잘 지내야지"라고 얘기하면서도 한편으로는 한 사람을 과도하게 칭찬하는 방법으로 경쟁을 붙이기도 한다.

부하 직원은 자신에게 불리한 얘기가 나오면 통상 즉각 반발하거나 "(경쟁자에 대해) 인격이 훌륭하신 분인데 설마 그런 말을 하겠습니까"라고 무심한 척 한다. 혹은 이후에 사례를 수집하며 진실 여부를 가리는 사람도 있다. 상황별로 여러 유형으로 대처하기도 한다.

싸움 붙이기는 대상과 다른 대상 혹은 대상 내부의 상하 간, 동료 간에 붙일 수 있다. 상대의 안팎, 내외부에 싸움을 붙일 수도 있다. 나라 간 대결 등 큰 조직 간 대치할 땐 상대의 하층부가 상층부에 반발하도록 하는 수법을 사용하기도 한다.

Section_09
부족한 사람 선택하기

리더 · 주인공 돋보일 수 있는 방법 _ '병풍 세워'

대통령이나 대기업 회장의 곁에 외모가 빼어난 사람이 함께 서면 '스포트 라이트'가 엉뚱한 데 맞춰질 수 있다. 적절하게 부족한 사람이 리더나 주인공을 돋보이게 한다. 한 조직의 리더가 똑똑하고 명석한데 참모가 다소 부족하면 리더가 더욱 뛰어나 보인다. 병풍을 세우는 것이다. 거꾸로, 리더를 띄우기 위한 방법으로 활용할 수 있다.

• • •

배우자는 외모나 성격, 직위, 집안 등에서 자신보다 한 단계 낮은 사람을 골라야 한다는 말을 하기도 한다. 그래야 본인의 결혼 생활이 행복하다는 견해다. 배우자가 스스로 부족하다고 생각하면 결혼 생활에 충실하고 상대에게 더 잘해 줄 수 있다는 판단이 깔린 것이다.

어느 신문사의 기자는 출입처(담당기관)에서 전임자의 능력에 따라 자신의 능력이 평가 받는다는 생각을 갖고 있다. 어디를 담당해도 자신의 능력은 비슷하지만 전임자가 뛰어나면 그저 그런 말을 듣고 전임자가 게으

르거나 부족하면 자신이 뛰어나다는 평을 받는다는 것이다.

 조직의 수장은 흠결이 있거나 외곽을 맴도는 사람을 일부러 참모로 기용하기도 한다. 이 사람은 발탁해 준 데 대해 고마워하면서 '주군'에게 충성을 다한다. 그와 동시에 단점을 불식시키기 위해 일도 열심히 한다. 일석이조를 노린 것이라고 할 수 있다.

Section_ 10
휘어잡기

풀어준 뒤 매서운 일처리 _ '사회 고수, 후임 길들이기'

　어느 기업체 간부는 신입사원이 부서에 들어오거나 신참이 전입 올 때 "이렇게 하라, 저렇게 하라"고 하기 보다는 그냥 던져놓는다고 한다. 신입 사원에게는 마음씨 좋은 아저씨 같은 표정으로 대한다. 그런 다음 얼마의 시간이 흐른 뒤 "이건 이렇게 해야 되는 거 아닌지 몰라…"라면서 매서운 일처리 솜씨를 보여준다. 이에 신입 사원은 등에 식은땀이 흐르면서 섬뜩함을 느낀다. 선배가 핵심을 꿰고 있는 데 대해 후배는 간담이 서늘해지고 존경심이 저절로 생기는 것이다. 고수들의 후임 길들이기 수법이다.

・・・

　조직 책임자는 새로 부임할 때 "전권을 주겠다. 하지만 업무에 소홀하거나 문제가 생기면 엄중히 책임을 묻겠다", "자율권을 부여하되 결과에 책임지도록 하겠다"라는 말을 한다. 이러한 말은 "열심히 일 하라"는 말보다 더 무겁게 다가간다. 조직을 휘어잡는 방책이다.

부하 직원에 칭찬이 인색한 상사가 있다. 부하 직원의 자만심을 억제하고 더 큰 성과를 유도하기 위해서다. 이러한 유형의 상사는 원성의 대상이 되기도 한다. 당근은 던져 주지 않고 채찍만 쥐고 있기 때문이다. 조직문화는 조직별로 각양각색이다. 직위에 구애받지 않고 스스럼없이 말하고 행동할 수 있는 직장이 있는 반면 위계질서가 엄격하고 권위주의적인 직장도 있다. 각기 장단점이 있다. 조직의 특성에 맞게 어느 부분을 많이 차용할지 결정하는 게 중요하다.

 기관·단체나 기업체, 나아가 한 국가 차원에서 리더나 책임자가 외부의 위협이나 현재 위기 상황을 과도하게 상기시키기도 한다. 내부의 각성과 단결을 촉구하고 구성원들이 일처리에 전력을 쏟도록 하기 위해서다. 위험을 부풀려 조직을 휘어잡는 것이다.

Section_ 11
거리 두기

비리 연루 동료 하루아침에 외면 _ '현실은 냉혹'

직장에서 어제까지 동고동락한 동료가 뇌물수수와 같은 비리 의혹으로 사법당국의 조사를 앞두고 있으면 '거리 두기'를 하기도 한다. 자신에게 불길이 번지는 것을 막기 위한 선제적 조치다. 비난을 받고 있는 사람과 아주 친하지 않으면 거리를 두는 것이다. 비정하고 냉혹한 현실을 단적으로 드러내는 장면이다.

반대로, 업적을 쌓거나 벼락출세한 사람, 갑자기 돈방석에 앉은 사람과는 약간의 친분만 있어도 '굉장히 친한 척' 하는 게 세태다. 기업체나 공공기관에서 고위직으로 승진한 사람과 앞다퉈 친분을 과시하기도 한다.

∙ ∙ ∙

어느 학자는 총선이나 지방선거가 있을 때마다 정치권으로부터 '러브콜'을 받았다. 그러나 이 학자는 몇 차례 거절했다. '거리 두기'를 한 것이다. 애당초 정치에 뜻이 없을 수도 있고, 제안한 자리가 자신의 '격'과 맞지 않는다고 판단했을 수 있다. 거리를 둠으로써 몸값을 올리는 효과를 노렸을 수 있다. 거리 두기를 여러 가지 의미로 해석할 수 있다.

　정치권이나 공공기관, 일반 기업체에서 부하의 배신에 치를 떨면서 반격하는 상사도 있고 묵묵히 거리를 두는 상사도 있다. 철저한 '거리 두기'가 일회성 '반격'보다 가혹할 때가 있다. 어느 유명 정치인은 한 번 배신한 측근을 평생 기용하지 않기도 했다.

Section_ 12
요주의 인물 걸러 내기

'미꾸라지 한 마리가 물 흐려'_ 리더는 똑똑해야

　기업체나 공공조직에서는 인사철에 부서장들이 '요주의 인물'을 자기 부서에 서로 받지 않으려고 한다. 또 '요주의 인물'이 상사로 오면 해당 부서 직원들은 다음 인사를 기다리며 수동적으로 업무를 처리해 조직이 타격을 입는다.

　어느 조직이나 '요주의 인물'이 있기 마련이다. 이런 사람이 어물전 망신을 시키고 조직에 해악이 된다. 미꾸라지 한 마리가 온 물을 흐리는 것이다. 이런 사람의 언행 하나에 조직은 망할 수도 있기에 적절한 업무에 배치하는 게 조직을 살리는 길이다. 조직의 상층부에서 요주의 인물을 걸러 내야 하는 이유다.

　조직에서 수장이나 리더, 임원, 부서장이 현명하지 못하고 어리석으면 조직은 이상한 길로 간다. 어리석은 리더는 엉뚱한 일만 지시한다. 회의나 토론에서 핵심은 쏙 빼고 부차적인 문제를 화두로 올린다. 이에 따라

지엽적인 문제를 두고 서로 열을 올리면서 시간을 뺏긴다. 결론도 엉뚱해 조직이 위기에 빠진다.

∙∙∙∙∙

평소 놀고먹는 사람한테는 "쉬어가면서 일 하라"고 하는 조직이 있다. 일을 못하는 사람이 열심히 일하면 조직을 망치기 때문이다. 일을 못하는 사람에게는 아예 비중이 떨어지는 업무를 맡긴다. 일을 잘 하는 사람에게는 성과가 뛰어나도 "이렇게 밖에 못하느냐"고 질책하면서 더 큰 성과를 요구하기도 한다. 이들에게는 갈수록 '퀄리티(질)' 높은 일을 맡긴다. 일을 잘 하는 몇몇 사람이 조직 전체를 먹여 살리기 때문이다.

Section_ 13
꼬리 자르기

번지는 불길 막아 _ '무턱대고 자르면 큰 타격'

정치권이나 관료사회 등에서 사안이 불리하게 돌아가거나 비난 여론이 일면 일선 하급자에게 책임을 떠넘긴다. 때로는 해임, 출당 등 강력한 조치를 취한다. 이는 논란의 불길이 조직 전체로 번지는 것을 막기 위해서다. '꼬리 자르기'를 하는 것이다.

기관·단체에서는 불미스러운 일이 터졌을 때 단체의 장이나 고위간부가 책임을 지지 않고 하급 직원이나 바로 윗사람에게만 모든 책임을 지우기도 한다. 몸체에서 꼬리를 자르는 것이다.

• • •

꼬리 자르기는 실무자에게 모든 책임이 있다면서 개인의 잘못으로 치부하는 것이다. 중앙기관이나 지자체, 공공기관, 민간기업 등에서 조직을 보호하기 위한 방법으로 활용된다. 꼬리를 자를 때는 조직의 잘못된 관행이나 문화를 한 개인에게 몽땅 덮어씌우기도 한다.

꼬리 자르기를 무턱대고 하면 당사자는 크게 반발한다. 꼬리 자르기에 불만을 가진 실무자가 사법당국의 조사에서 조직 전체의 비리를 털어놓기도 한다. 몸체에 타격을 가하는 것이다. 당사자의 불만을 최소화 하는 것이 조직 상층부의 '능력'으로 통할 수도 있다.

Section_ 14
군기 잡기

시범 케이스 만들어 전체 순치시켜 _ '변방 울려 중심 때리기도'

 어느 기관에서 조직의 긴장도를 높이고 업무 성과를 제고하기 위해 일부 직원을 강제로 퇴직시키는 '퇴출제'를 시행했다. 국이나 부서별로 인원을 추려내 재교육을 시킨 뒤 능력이 향상되지 않거나 재교육을 제대로 이수하지 않는 직원은 옷을 벗도록 했다. 일부 직원을 '시범 케이스'로 삼아 조직이 원하는 목적을 추구한 것이다. 이 제도는 '비인간적'이라는 이유로 몇 년 시행 후 폐지됐다.

 군대 신병훈련소에서는 조교의 지침을 제대로 따르지 않거나 행동이 굼뜬 훈련병이 늘 있기 마련이다. 조교는 이 훈련병에게 완전군장을 하고 연병장을 돌도록 한다. 이 훈련병을 시범 케이스 삼아서 다른 훈련병들이 교육에 집중하도록 하는 것이다. '군기 잡기'다. 군대 훈련병이나 직장인이나 시범케이스에 걸려들지 않는 것도 요령일 때가 있다.

어떤 목적을 위해 강압적인 방법을 동원할 때 '군기 잡기'를 한다고 한다. 조직의 분위기 쇄신 차원에서 군기 잡기를 하기도 한다. 군기 잡기는 한 두 사람을 혼내고 나머지 사람을 순치시키는 것이다.

변방을 울려서 중심을 때리기도 한다. 예전 정권에서 이뤄진 '범죄와의 전쟁'을 그 사례로 들 수 있다. 범죄자들을 대거 잡아들임으로써 사회 전체의 안정뿐만 아니라 정권의 안정성을 강화한다. 변방을 치면서 사회 분위기와 정국 분위기를 압도하는 것이다. 중범자에 대해 사형 구형 등으로 사회 전체에 '군기'를 집어넣기도 한다.

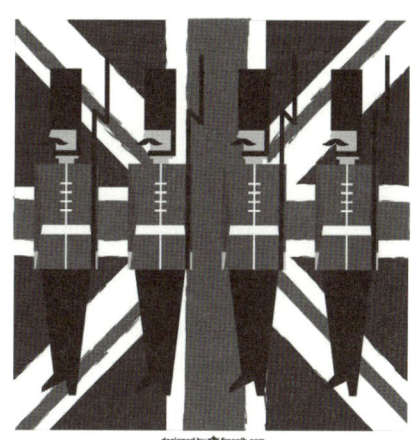

Section_ 15
'승자의 저주' 피하기

상처뿐인 영광은 몰락 가속화 _ '빛바랜 승리' 되기도

　기업의 CEO 자리나 요직을 놓고 경쟁자끼리 물어뜯고 싸우면 승자가 되더라도 절름발이가 될 때가 있다. 조직이 깨지거나 음해가 난무하는 등 상처뿐인 영광이 될 수 있다. 빛바랜 승리인 것이다. 현실은 승자 위주로 돌아가지만 때로는 '승자의 저주'가 엄습하기도 한다. 영리한 사람은 '승자의 저주'가 뻔한 싸움이나 경쟁에 아예 뛰어들지 않는다. 눈길도 안 주고 발도 안 담그는 것이다.

　승리와 성공에 도취돼 방심함으로써 몰락을 자초하는 것도 승자에게 주어지는 또 하나의 저주라고 할 수 있다. 업계에서는 승자가 새로운 사업·수익 모델에 관심을 갖지 않고 기존 성공 분야에만 집착하는 것도 방심에 포함될 수 있다. 세계적인 업체들이 현실에 안주하다가 급전직하로 추락하는 사례는 비일비재하다.

싸움이나 시비를 걸어오는 건 일단 무조건 피하는 전략도 있다. 그런 후 상대의 기세가 사그라지면 싸움을 걸어 후려치고 업어 쳐서 바닥에 눕히는 것이다. 상대의 기세가 등등할 땐 굳이 맞설 필요가 없는 것이다.

외국의 어느 유명한 장군은 "아군이 원하는 시간·장소·방법을 택해서 싸운 것이 전승의 비책"이라고 전쟁 경험담을 밝혔다. 형세가 아군에게 불리할 때는 생존을 도모한 후 후일을 모색하는 것이다. 바둑에서는 '아생연후살타'라는 말을 쓰기도 한다.

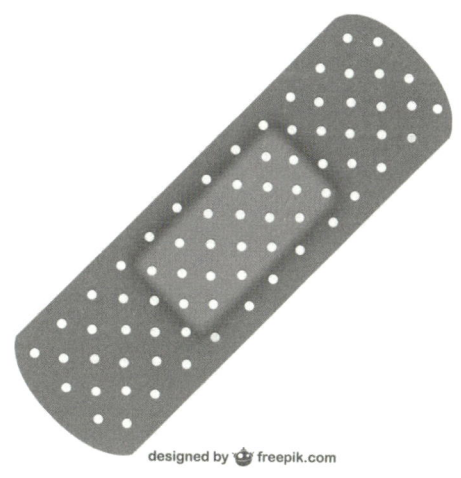

Section_ 16
어려울 때 도와주기

'한직' 선후배 챙기면 보답 _ 최소한 좋은 평판 유지

주위 사람이 어려움에 처했을 때 약간만 도와줘도 굉장히 고마워한다. 후일 크게 보답하는 사람도 있다. 똑같은 도움이나 따뜻한 말이라도 상황에 따라 '질'이 달라진다. 이러한 사회생활의 법칙을 꿰뚫고 주위를 잘 챙기는 사람이 있다. 직장 생활에서 동료나 선후배, 상사가 한직에 있을 때 따뜻하게 대하면 더없이 고마워한다.

한직에 있는 사람을 무시하거나 무시하는 듯한 태도를 보이면 큰 타격으로 돌아오기도 한다. 이들이 도움을 주기는 어렵지만 안 좋은 말(소문)은 할 수 있고 이를 통해 조직 안팎의 여론을 움직일 수 있다는 것이다.

한직에 있는 선후배를 챙겨주면 그들이 요직에 복귀하지 못하더라도 최소한 좋은 평판은 유지할 수 있다. 두루두루 잘 하는 사람이 있고 그렇지 못한 사람도 있다.

공직사회·기업체 등에서 속된 말로 '물먹고 한직에 있는' 선배가 다시 요직에 복귀하는 일이 적지 않다. 이를 두고 후배들은 우스갯소리로 "꺼진 불도 다시 봐야 한다"고 말한다. 한직에 있는 선후배를 무시해서는 안 된다는 말이다.

Section_ 17
'뻗대는 사람' 끌어안기

구슬리거나 간질여 주기도 _ '인정받고 싶어하는 욕구' 충족시켜 주기도

회사에서 후배나 부하직원을 '살살' 간질여 업무 성과를 높이기도 한다. "이 분야 최고다", "최고 전문가다", "최고 실력이다"라면서 인정받고 싶은 욕구를 충족시켜 주면 효과적일 때가 있다.

어떤 일을 할 때 불만이 있어 뻗대는 사람은 간질여 요리할 수 있다. 큰 조직에서는 모두를 만족시킬 수 없다. 불만을 표하고 입이 나오는 직원이 있기 마련이다. 이런 사람을 잘 구슬려 다시 조직에 충성을 다하도록 만드는 것이 리더의 능력이라고 할 수 있다.

• • •

상대의 칼끝이 예리하거나 신경이 날카로울 때는 칼끝을 무디게 만든 뒤 견인을 한다. 상대가 느긋한 마음을 갖도록 한 뒤 자신의 주장이나 요구 사항을 관철할 수도 있다.

핸들링 잘 하기..각본대로 종합 연출 _ '카게무샤 세우기도'

승용차를 타고 갈 때 운전자가 핸들을 잘 조정해야 사고를 예방할 수 있다. 능수능란하게 '핸들링(운전·조정)'을 하는 운전자가 '베스트 드라이버'다. 어떤 일이나 사태를 처리하는 데 있어서도 핸들링을 잘 해야 원만하게 일을 마무리 지을 수 있고 후유증도 없다.

• • •

연인 사이나 친구 간 어느 한 쪽이 핸들링을 잘 해야 관계가 발전될 수 있다. 한 사람이 명확한 목적의식을 가지고 상대를 핸들링 하면 친밀도가 깊어질 수밖에 없다. 모임이나 행사에서도 주최 측이 각본대로 핸들링을 잘 하면 분위기가 매끄러워진다.

업무를 처리하면서 직원들은 일선에서 일하고 고위 간부는 뒤에서 종합 연출을 한다. 책임자가 핸들링을 잘못하면 모든 일이 수포로 돌아갈 수 있다. 핸들링을 하는 사람은 다양한 연기를 주문할 수 있다. 때로는 '분신'을 두거나 '카게무샤(적을 속이기 위해 대장의 모습으로 분장해 행동하는 무사)'를 세울 수도 있다. 직장 생활이나 인간관계에서 다양하게 활용되고 있다.

CHAPTER_05
센스

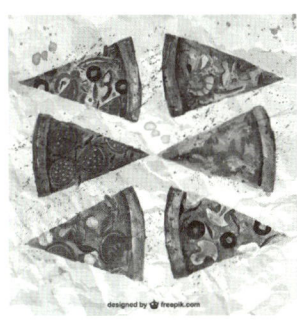

designed by Freepik.com

Section_ 01
'분할'의 정치학

한 번에 다 허비하지 않는 꾀 _ 상대에 소화 능력만큼 던져

어느 광역자치단체장은 새해를 맞을 때마다 10여 개 신문·방송과 신년인터뷰를 한다. 각 언론사마다 신년 추진사업이나 역점 과제 등과 관련해 단독(특종) 거리를 하나씩 준다. 10여 개 언론사에 나눠서 주는 것이다. 한 언론사에 소화할 수 없을 정도로 많은 것을 주지 않는 것이다. 그래야 언론사별로 큰 제목이 뽑히고 독자와 시청자들의 관심도 끌 수 있기 때문이다.

한 저명인사는 A신문 인터뷰에서 특정 주제와 관련해 자신이 알고 있고 밝힐 수 있는 내용의 30%를 설명한다. 이어 B신문에서 30%, C신문에서 30%를 소개한다. 신문사별로 내용의 신선도를 유지하면서 인터뷰 효과를 극대화 한다. 언론에 여러 차례 이름이 오르내리고 그만큼 자신의 명성도 높인다.

명절 연휴가 3일이면 자녀들에게 하루는 영화보기, 하루는 전통가옥 방문, 또 다른 하루는 외식하기 등으로 나눠서 즐거움을 줄 수 있다. 하루에 몰아서 하면 자녀들이 피곤해 하고 효과도 크지 않기 때문이다. 방학이 두 달이면 10~15일 마다 자녀들이 하고 싶은 걸 던져줄 수 있다.

• • •

나중에도 장사(영업·강의)를 하는 것이다. 한 번에 다 하지 않는 것이다. 소화 능력을 고려해 알맞게 음식을 섭취하듯 상대방이 '소화'가 가능할 정도만 알맞게 던져 주는 것이다. 말이나 행동의 상품성을 극대화 할 수 있는 전술이다.

Section_ 02
자가 발전

자화자찬에 이미지 메이킹도 _ '자신에게 유리하도록 전략적 언행'

언론사에서 뉴스나 옴부즈맨 프로그램을 통해 자사의 오락·드라마 방송이 잘 만들어졌고 인기가 높다고 하면 자가 발전이다. 스스로 칭찬하고 스스로 높이는 것이다. 자화자찬을 하는 것이다. 공무원이 선거를 앞두고 사적 모임에 자주 참석하거나 SNS에 개인 의견을 과도하게 올리면 공적 업무 수행 보다는 '자가 발전'에 신경을 쏟는다고 볼 수 있다.

어느 간부 공무원은 '구멍 난 파카'를 입고 다닌다는 소문이 청사 안팎에 떠돌았다. 실제로 검소할 수도 있고 남들에게 잘 보이기 위한 것일 수도 있다. 어느 기업체 간부는 구두를 10여 년 간 신고 다니고 양복도 20년 가까이 된 걸 입고 다닌다고 주위에 말하곤 했다고 한다. 스스로 '이미지 메이킹'을 하는 것이다. 이미지 메이킹이 권위 세우기와 자가 발전을 위한 것일 수도 있다.

어느 공무원은 "업무 탓에 신경이 날카로워 매일 수면제를 먹고 잔다"고 진중하게 주위에 말한다고 한다. 기업체 어느 직원은 늘 초췌한 모습을 보이고 종종 손으로 머리를 싸매는 몸짓을 한다고 한다. 직장 상사와 동료들에게 굉장히 고생하고 있다는 것을 간접적으로 알리는 것이다.

• • •

자가 발전 전략은 자신(자신의 조직)에게 유리하도록 전략적으로 하는 언행을 말한다. 이를 복수로 확대하면 '밀어주고 끌어주기'라는 말을 상정할 수 있다. 폐쇄적인 모임에서 자주 등장하는 구호다. 자가 발전 전략을 '집단 발전 전략'으로 확대한 것으로 볼 수도 있다.

Section_ **03**

뺨 때리도록 만들기

일부러 비판상황 유도해 의도 관철_'악용 사례도'

어느 기업에서는 직원들의 탐방 교육 장소를 소관 분야 권력자와 연관이 있는 곳으로 정했다. 견학 사실도 언론에 알렸다. 하지만 이 권력자와 대립각을 세우고 있는 한 언론사에서 문제 제기를 하고 2~3곳의 언론사에서 뒤따라 비판 보도를 했다.

하지만 이 기업은 언론 보도에 오히려 흐뭇해 할 수도 있다. 자신들이 잘 보이려고 하는 곳이 언론이나 여론보다는 권력자이기 때문이다. 이 권력자가 생사여탈권을 쥐고 있다고 본 것이다.

일부 언론은 정치권력이나 경제권력을 쥔 쪽에 대해 과도하게 미화성 보도를 하기도 한다. 미화는 현실이나 사실을 왜곡하는 것이다. 하지만 이 언론은 미디어 비평지 등이 은근히 미화성 보도를 다뤄주길 바라기도 한다. 관련 보도에 대한 비판을 원하고 때려주기를 바라는 것이다. 해당 권력과 한 배를 탔다는 인식을 널리 알릴 수 있고 이를 통해 반대급부를 노릴 수 있다고 판단한 것이다. 권력에 '코드'를 맞추는 것이다.

• • •

일상에서도 적용이 가능하다. 직장에서 어떤 업무를 맡기 싫지만 억지로 떠맡을 때가 있다. 다른 업무에 바쁘거나 해당 업무가 적성이나 전공에 맞지 않을 수 있다. 이럴 때 업무를 맡자마자 고의로 작은 실수를 범하거나 엉뚱하게 처리해 주위에서 '비전문가(문외한)'라는 비난이 일도록 하고 교체를 요구하도록 하는 것이다.

Section_ 04
'재량' 개입

단속 건수, 많아도 적어도 칭찬 혹은 비난 _ '이현령 비현령'

경찰이나 지방자치단체의 불법행위 단속 건수와 관련해 상반된 평가를 할 수 있다. 단속 건수가 많으면 "평소에 어떻게 관리한 것이냐"는 비판을 할 수 있고, 단속 건수가 적으면 "단속 활동을 게을리 한 것 아니냐"는 비판을 할 수 있다.

이를 거꾸로 보면, 단속 건수와 상관없이 칭찬을 받을 수도 있다. 건수가 많으면 "열심히 단속을 했다"는 평가를 할 수 있고, 건수가 적으면 "평소에 관리를 잘 했다"는 평가를 내릴 수도 있다. 이처럼 현실에서 '코에 걸면 코걸이 귀에 걸면 귀고리(이현령 비현령)' 같은 경우가 적지 않다. 정답을 찾기가 애매할 때가 있다는 것이다.

∴

어떤 사안과 관련해 이렇게 보면 이것이 맞고, 저렇게 보면 저것이 맞다고 할 수 있다. 잘못된 행위에 대해서도 한편으로 보면 봐줄 수도 있고 다른 측면에서 보면 처벌해야 하는 경우가 있다. 여러 해석이 가능한 사안은 사람의 '재량'이 개입될 수 있는 부분이다.

  애매모호한 사안과 관련, 처리 결과에 찬반 양론이 있을 때는 처리 과정이 평가받기도 한다. 당사자가 합리적으로 처리했는지, 노력을 기울였는지 여부가 공감대를 형성하는 것이다.

Section_ 05
'피해 사례' 드러내기

상대방 관심 · 걱정 유도 _ '이 틈 이용해 부탁하기도'

사회생활 중 주위 동료나 처음 만나는 사람과 친밀도를 높일 수 있는 방법이 자신의 피해 사실을 드러내는 것이다. 술자리나 커피타임 중 "(자신의) 아파트 값이 내렸다", "핸드폰을 잃어버리고 새로 샀다", "주식이 곤두박질 쳐 많이 까먹었다" 등의 말을 할 수 있다. 상대가 경계심을 누그러뜨리고 관심을 갖게 된다.

자신의 피해를 드러내면 대부분의 상대는 걱정을 해준다. 최소한 걱정스런 척을 하면서 안쓰러운 모습을 짓는다. 피해를 드러내는 사람은 이것을 노렸다고 볼 수 있다. 일부는 "자신은 피해가 없다"는 상대적인 안정감에 따라, 미안하다는 생각(죄책감)이 들어 더욱 걱정을 해주기도 한다.

• • •

피해 사실을 고의적으로 드러내거나 부풀려서, 걱정을 해주는 상대에게 부탁을 하는 사람도 있다. 상대가 연민이나 동정 차원에서 뭔가를 해줘야 되겠다는 심리를 갖게 되는 것을 겨냥한 것이다. 피해 사실을 매개로 해서 상대를 역으로 이용하고 자신이 원하는 것을 얻는 전술이다.

실수를 한 과거 사례를 드러내기도 한다. 상대를 의외로 즐겁게 하고 자리 분위기를 매끄럽게 만들기도 한다. 술자리에서 관계와 친밀도를 업그레이드 시키는 방법이기도 하다. "요즘 사업(장사)이 잘 되느냐"는 물음에 "잘 돼. 아주 잘 돼. 매출액이 작년보다 두 배나 껑충 뛰었어"라고 솔직하게 말해줄 수도 있다. 하지만 상대에 따라 질투를 느낄 수 있다고 판단되면 "그저 그래. 작년보다 약간 낫네. 먹고살 정도밖에 안 돼"라고 눙치는 게 오히려 효과적일 때가 있다. 듣는 사람이 듣고 싶어하는 얘기를 해주는 '센스'일 수 있다.

Section_ 06
편승하기

유력인사 만남 과시해 '호가호위'_ '상대방 솔깃·흠칫'

신생 언론사가 전통 있는 언론사와 비슷한 제호를 내걸 때가 있다. 젊은층을 포함한 많은 사람들은 신생사를 전통 있는 언론사와 유사한 언론사로 헷갈려 한다. 이에 따라 신생 언론사는 대표나 간부진의 소소한 일정이나 사내 인사발령 사항 등이 대형 언론사와 비슷하게 취급될 때가 있다. '편승 효과'다.

술자리나 커피타임에서 유력인사를 만났다고 은근히 자랑하는 것도 유력인사에 편승해 자신이 힘이 있다는 것을 드러내기 위한 것으로 볼 수 있다. 이에 상대는 솔깃하게 얘기를 듣거나 흠칫한 모습을 보이기도 한다. '호가호위' 전략이라고 할 수 있다. 여우가 호랑이의 위세를 빌려 다른 짐승들 앞에서 권위를 세우는 것이다.

• • •

세미나, 출판기념회 등의 행사장에서 유력 인사의 주위를 맴도는 사람이 있다. 친분을 과시하거나 '눈도장'을 찍기 위한 것일 수 있다. 일상에서도 많은 사람들이 식사를 하거나 사진을 찍을 때 유력 인사나 명망 있는 사람의 옆 자리를 차지하려고 애쓴다. 친한 척 하는 것은 모두 다 자신의 생존과 이익을 위한 것으로 볼 수 있다.

중소업체 대표나 조그만 기관의 장이 대통령이나 고위직 인사 등과 함께 찍은 사진을 큼지막하게 사무실 벽에 걸어 놓기도 한다. 힘 있는 사람과 친분이 있다는 점을 과시해 상대방이 알아서 '대접'을 하도록 하는 것이다. '후광 효과'를 노린 것이다. 기관·단체에서 '대한'이나 '한국'이라는 단어를 넣으려고 하는 것도 전국적으로 큰 조직이고 신망이 있다는 것을 간접적으로 드러내려는 의도라고 볼 수 있다.

Section_07
양쪽 거짓말

말 따로 행동 따로 _ '가려내기 쉽잖아'

예컨대 선거 출마 예상자로 거론되는 A씨가 유력한 후보인 B씨를 찾아가서 "이번 선거에는 출마하지 않는다"고 안심시키고 돕겠다고 한다. 하지만 A씨는 동창회 등 다른 자리에서는 출마 의지를 피력하면서 B씨의 사생활 의혹을 사실인 양 소문내고 비난한다. B씨가 흑색선전에 낙마하면 공식 입후보를 한다.

선거판에서 횡행하는 마타도어. 이전투구(진흙탕 싸움)의 사례다. 양쪽에 말을 따로 하면서 자신의 이득을 취하는 전술이다.

B씨는 누가 흑색선전을 했는지 가려내는 데 시간을 뺏기고, 평소 믿어 온 A씨가 '범인'인 것으로 밝혀지면 정신적으로 큰 충격을 받는다. 사회생활이나 조직생활에서 심심찮게 목격되는 행태다.

여기서는 이런 말, 저기서는 다른 말을 하는 사람이 있다. 이러한 수법은 행위자가 철저히 숨기려고 하기에 가려내는 게 쉽지 않다. 양쪽에 거짓말을 하는 사람은 세 곳, 네 곳에서 서로 다른 말을 할 수도 있다. 말 따로 행동 따로 하는 것이다.

Section_08
궤변

동문서답하고 두루뭉수리 일처리 _ '호의 베풀고 털어가기도'

　국정감사나 청문회 등에서 질의자가 날카로운 질문을 던질 때가 있다. 이에 답변자가 변명이 군색하면 즉답을 피하고 다른 사안을 언급한다. 궤변을 늘어놓기도 한다. 동문서답을 하면서 '구렁이 담 넘어가기'식으로 상황을 넘기는 것이다. 이러한 방식이 통할 때도 있고 안 통할 때도 있다.

　대인 관계에서도 만날 때마다 늘 웃으며 신사 같은 행동을 하면서 호의를 베푸는 사람이 있다. 화를 내거나 비난을 하지 않고 좋은 얘기만 한다. 그러면서 쥐도 새도 모르게 자신의 의사나 목적을 관철시키고, 편익을 챙긴다. '구렁이 담 넘어가기'로 다 털어가는 것이다. 기업체도 다른 업체나 시민단체가 영업과 관련한 불공정 행위를 비판하는 데 대해 적절한 해명이나 조치를 하지 않은 채 "알겠다. 알아보겠다"식으로 넘어가기도 한다. 이미 자신의 실리는 확보했다는 것이다. 비판이 일면 위압적인 모습을 보이거나 조그만 성의를 표시하기도 한다.

이 전술은 "좋은 게 좋다"는 '두루뭉수리' 전술과도 연결된다. 두루뭉수리하게 일처리를 하면서 자신의 목적을 관철하는 것이다. 조그만 모임 등에서 공금을 집행하며 일부 항목의 계산에 실수가 있어 비판받을 땐 "주머닛돈이 쌈짓돈이고, 쌈짓돈이 주머닛돈 아니냐"고 말하면서 '구렁이 담 넘어가기'식으로 상황을 넘기는 사람이 있다.

어떤 사안은 전면 공개하거나 떠들썩하게 일처리를 하면 논란의 소지가 있을 수 있다. 이럴 땐 모든 당사자들이 큰 불만이 없도록 배려해 주면서 애초의 목적을 관철시키기도 한다. 적절한 혜택을 주면 당사자들이 비난을 자제하는 경우가 많다. 때에 따라서는 '구렁이 담 넘어가기'가 오히려 더 치밀한 문제 해결 방식일 수 있다.

Section_09
'귀가 즐거운' 코멘트

'순간순간 적절한 말·대화 효용성 커'_ 유리한 고지 점령하기도

예컨대 세종시 정부청사에 근무하는 공무원이 서울에 있는 아내에게서 전화를 받았다. 이틀 만에 전화 통화를 하는 것이다. 이 공무원은 순간적으로 "방금 막 전화하려는 참이었는데 전화가 왔네"라고 말한다. 순간적으로 적절한 코멘트를 함으로써 유리한 고지를 점하는 것이다. "전화를 왜 안 했느냐"는 추궁에 대비해 선수를 친 것이다.

• • •

정당의 핵심 간부로 여의도에서 의정 활동에 여념이 없는 한 국회의원이 지역구를 방문하면서 구청 기자실을 찾았다. 첫 일성이 "기차에서 내리자마자 바로 왔다"고 말했다고 한다. 기자들은 이 국회의원이 구청 기자실로 직행했는지 아니면 다른 볼 일이 있어 구청에 온 김에 기자실에 들렀는지 알 수는 없다. 하지만 듣는 입장에서는 싫지 않은 얘기이기에 호감을 가졌다고 한다.

기업체 사장이 행사장에서 만난 기자들에게 "고생 많이 하십니다. (오찬·만찬 간담회 등의) 자리 한 번 마련하겠습니다"라고 말했다고 한다. 이후에 언제 자리를 마련할지는 모른다. 순간적으로 판단해서 적절한 코멘트를 하는 것이다.

한 공공단체의 수장이 전임 수장들과의 모임에서 "선배님들이 해놓은 성과를 이어받도록 노력하겠다"고 말했다. 이 수장은 출신 정당이 다른 직전 수장의 사업에 관심을 두지 않는다는 평을 받고 있었다. 하지만 해당 자리에서는 적절하게 어울리는 코멘트를 한 것이다.

Section_ 10
눈치 보기

'일하고 욕 안 먹어야'_앞뒤 좌우 아래위 잘 읽어야

고위 공무원들이 정권말에 다음 정권의 향배를 주시하며 소극적인 자세로 일하는 경향이 있다. 무턱대고 '용감하게' 행동하면 다음 정권이 들어서자마자 '손보기' 대상이 될 수 있기 때문이다. '복지부동', '복지안동'이라는 말이 괜히 있는 말이 아니다. 비판을 받을지라도 보신을 하는 것이다. 당사자로선 살아남기 위한 행동일 수 있다.

중하위직 공무원들에게도 '눈치 보기'는 중요하다. 일례로 한 공무원이 자신의 담당업무인 노점 단속을 아주 열심히 했는데 승진 인사에서 탈락했다. 승진 대상이어서 업무를 충실히 수행했지만 너무 열심히 하는 바람에 노점상들의 반발을 초래한 것이다. 오히려 단속에서 방관자적 태도를 취한 사람이 승진했다. 주위에서는 노점상 반발로 논란을 초래해 재선을 노리는 단체장의 표를 까먹었기 때문이라고 그 배경을 분석했다. 단체장의 방침을 제대로 못 읽었다는 것이다.

강대국의 정상이 내정과 관련해 집권당이나 반대당의 유력 인사에게 잘 보이려고 하고 때로는 이들의 눈치를 본다는 언론 보도가 나온다. 초강대국 최고 지도자라도 자신의 정책을 관철시키기 위해서는 자세를 낮추기도 하고 눈치도 보는 것이다. 좌고우면을 한다는 것이다.

일상이나 직장 생활에서도 친구나 동료가 너무 나서거나 순진한 행동을 할 때 "눈치야…"라고 핀잔을 준다. 때로는 혀를 '끌끌' 차기도 한다. 상황 판단을 못했다는 것이다.

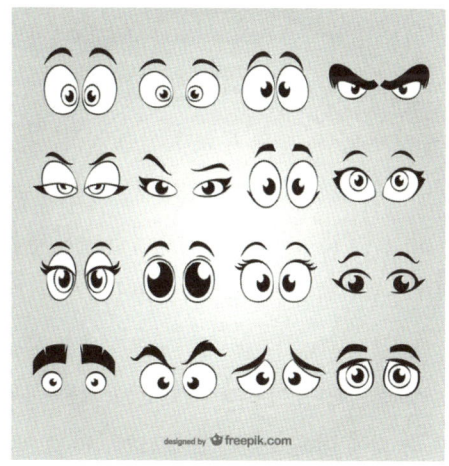

Section_ 11
'척척척'

본심과 어긋나도 하는 척하고 듣는 척하고 _ '시늉의 경제학'

때로는 시늉을 해야 할 때가 있다. 하는 척하고 들어주는 척해야 할 때가 있다. 본심과 어긋나게 (상대의 요구에 따라) '하고 있다'는 모습을 보여 주는 것이다. 이렇게 시늉을 함으로써 본인은 손해를 보지 않고 큰 득을 볼 수 있다. '시늉의 경제학'이라고 할 수 있다.

어른이 자녀의 행동이나 말이 못마땅할 때 "~하는 시늉이라도 하라"고 꾸중한다. 사회생활에서도 성가시게 여겨지는 일이지만 해야 할 일이 있을 때가 있다. 주위 동료가 어떤 일처리를 앞두고 망설일 때 "시늉만 하면 되지 않겠어"라고 조언하기도 한다. '좋아도 싫어하는 척', '싫어도 좋아하는 척'하는 것이다. 점원이 물건을 팔기 위해 '아주 친절한 척'하기도 한다. 일부러 '액션'을 하는 것이다.

사법 기관 등이 사회적 논란이 되는 내부 문제를 스스로 조사, 감사를 하는 것에 대해 "셀프 조사(감사)"라고 언론이 비판한다. 자신의 문제에 대해 스스로 조사·감사하는 것은 '제 식구 봐주기'로 일관하는 등 불공정 소지를 낳을 가능성이 있다는 것이다. 겉핥기 식 시늉으로 본 것이다.

∴

개인적 호, 불호를 떠나서 사회통념상 겉으로 의례적인 말을 해야 할 때가 있다. 선거나 운동경기에서 상대가 완전히 '페어플레이'를 펼치지 않았어도 결과를 인정해야 할 때가 있다. "앞으로 잘하길 바란다"는 등의 코멘트로 '축하하는 시늉'을 할 수 있다. 기업체의 영업 등 일상에서도 의례적으로 감사의 표현을 해야 할 때가 있다.

Section_ 12
확률로 보기

실수 되풀이 하면 큰 위기 맞아 _ '가랑비에 옷 젖어'

직장생활 15년차가 넘어선 어느 기업체 직원은 술을 마시다가 '필름'이 끊기는 현상이 잦아졌다. 그러다가 결국 연말 송년회 모임을 마친 후 귀가하다가 '퍽치기' 강도를 만났다. 연말에 술자리가 이어지고 업무도 몰려 체력이 바닥이었다. 몸은 상하지는 않았지만 수백만 원을 털렸다고 한다. 작은 실수가 거듭되면 큰 사고로 이어진다. 확률의 법칙이 어김없이 작용하는 것이다. 기업체나 공공기관 등에서 업무 처리에서도 마찬가지다. 사람 사이의 관계도 소홀히 하는 게 누적되면 상대도 좋아하지 않는다.

국제 관계에서도 상대국에게 피해를 줄 수 있는 정책을 되풀이하면 관계가 악화된다. 우방국이라도 적국으로 되돌아설 수 있다. 서로 간의 적대감이 고조되면 종국에는 충돌(전쟁)이 일어날 수도 있다. 불법 기업 활동이나 뇌물 수수 행위도 한두 번 정도는 빠져나갈 수 있으나 불법이 일상화되면 법망에 걸려들 수밖에 없다. 개인 업소에서도 불법 영업이 계속되면 단속될 수밖에 없다.

어느 언론사 기자는 퇴근 때마다 동료나 친구, 출입처(담당기관) 사람 등을 만나 술을 마신다. 격무로 인한 스트레스를 술로 풀어내는 스타일이다. 어느 날 이 기자는 간에 이상이 있다는 건강검진 결과를 손에 쥐게 됐다. 거의 매일 마신 술이 원인이 된 것이다. 가랑비도 많이 맞으면 옷이 젖는다. 하지만 이를 모르는 경우가 많아 '가랑비에 옷 젖는 줄 모른다'는 말이 있다.

실수를 여러 번 하다 보면 큰 위기를 만날 수 있다. 잘못된 사례가 되풀이되면 큰 사고를 만나는 것은 확률적으로 가능성이 높다. 확률로 일상을 분석하고 미래를 내다볼 수 있다. 음식을 많이 먹으면 한 두 번은 괜찮을 수 있지만 습관적으로 많이 먹으면 비만이 될 수 있다.

Section_ 13
롤러코스터 인식하기

'하루에도 몇 번씩 천당·지옥 오가기도'_일희일비 하는 이도

어느 광역 자치단체 간부는 조기 퇴직 명단에 포함됐다. 본인으로서는 몇 년 더 재직할 수 있었지만 조직의 방침이기에 따를 수밖에 없었다. 이 간부는 얼마 뒤 지방선거에 출마해 기초 단체장으로 당선됐다. 조기 퇴직이 오히려 '새옹지마'가 됐다. 하지만 이 간부는 자치단체장으로 일하면서 불미스러운 일을 겪기도 했다.

신문 지상이나 방송에서 흔히 볼 수 있는 일이다. '새옹지마' 같은 현상이 자주 벌어지고 있고 '새옹지마'를 몇 번씩 겪는 사람도 적지 않다. 속된 말로 '롤러코스터를 타는 사람'이 많다는 것이다.

∴

평범한 직장인도 인간관계나 회사 생활에서 '롤러코스터'를 타는 경우가 많다. 조직이 역동적이고 다이내믹한 곳에서는 업무 처리와 관련해 하루에도 몇 번씩 천당과 지옥을 오가기도 한다. 어떤 일처리가 잘못된 것

으로 여겨져 내심 마음을 졸이다가 결론적으로는 '역작'으로 높은 평가를 받기도 한다.

승승장구하는 사람도 금세 찬밥 신세가 되고, 한직을 맴돌던 인사가 핵심 요직에 차고 들어올 때도 있다. 이러한 상황 전개에 일희일비하지 않는 사람도 있지만 순간순간이 한평생이 된 듯 민감하고 예민하게 반응하는 사람도 있다.

Section_ 14
물음표 달기

앎의 시작 _ '해명에는 반드시 물음표'

어느 정치인이 정계를 은퇴하면서 "열심히 일했습니다. 할 만큼 했습니다"라고 기자회견에서 밝혔다고 언론 보도에 나왔다. 그러면 단순하게 '열심히 일했구나'라고 인식하고 넘길 수도 있다. 하지만 세부적으로 '누구를 위해 무슨 일을 열심히 했는지, 그 방법은 어떠했는지, 무슨 업적을 남겼는지'를 따져 보는 사람도 있다.

현상이나 상대방의 발언, 행동에 물음표를 다는 것은 앎의 시작이고, 세상에 대한 이해의 시작이다. 물음표도 어떤 내용을 담은 물음표를 던지느냐가 중요하다. 통상 6하 원칙(언제·어디서·누가·무엇을·어떻게·왜)에 따라 물음표를 달 수 있다.

물음표를 다는 것은 상대 언행의 의도가 무엇인지 파악하고 순간적 혹은 중장기적인 대응 방안을 마련하기 위한 것이다. 자신이나 자신이 속한 조직과 관련된 신문·방송 보도를 유심히 듣고 여러 개의 물음표를 다는 것은 일상의 기본이라고 할 수 있다.

 상대방이 어떤 사안에 해명하거나 답변할 때는 반드시 물음표를 달아야 한다. 이렇게 하면 더 구체적이고 상세한 내용이 나오기 마련이다. 때로는 해명이나 답변의 거짓 여부도 밝혀낼 수 있다.

발표사업 새겨듣기..'실행률 따져보고 허와 실 꿰뚫어야' _ 피해 예방책

 기관·단체, 기업체의 발표 사업은 실제로 이행되지 않을 때가 많다. 용역을 발주하는 등 사업이 가시화되는 듯해도 본격적으로 착수하기까지는 난관이 많다. 기관·발표 사업은 좌초 가능성이 적지 않기에 듣는 사람들이 새겨서 들을 필요가 있을 때가 있다. 발표 사업이 중단되면 시간이 흐른 뒤 다시 실행될 수도 있고 완전히 백지화될 수도 있다.

 기관이 발표하는 수치도 정확하고 객관적일 때도 있지만, 해당 기관에 유리하게 공표할 때가 있다.

Section_ 15
배짱 전술

고위험 감수하고 배팅해서 큰 재미 _ '만만디 전법'도

일처리를 하면서 배짱으로 밀어붙일 때가 있다. 엄밀하게 따져보면 성공 가능성이 낮지만 과감하게 일을 추진하는 것이다. 위험을 무릅쓰는 것이다. 위험을 감수하지 않고 현실(현재 상황)에 안주하면 큰 발전이 없을 때 쓸 수 있는 카드. 현 상황으로 나아가면 얻을 것이 크지 않다고 판단되면 미래의 가치 획득 여부를 둘째로 하고 일단 전진 기어를 넣는 것이다. 속된 말로 '못 먹어도 고~ 고~'하는 것이다.

투자나 금융상품에 있어서도 원금을 까먹지 않는 안정적인 상품은 배당액이나 수익률이 떨어진다. 반면 원금을 손해볼 수도 있는 고위험 상품은 상황에 따라 배당이나 수익률이 높을 수 있다. 자산을 '보수적으로' 운용하면서 배팅을 하지 않으면 조그마한 실익은 차지할 수 있다.

• • •

'만만디'는 중국어로 천천히 느리게 일처리를 하는 방식을 말한다. 사태 진전에 크게 신경을 쓰지 않고 느긋하게 사안을 지켜보면서 천천히 일처리를 한다는 것이다. 배짱 전술이라고 볼 수도 있다.

　이 전법은 거꾸로 보면 답답한 쪽에서, 급한 쪽에서 먼저 움직이도록 하는 전법이다. '목마른 사람이 우물을 파도록 한다'는 것이다. 상대가 움직여서 일처리를 하도록 하는 것이다. 때로는 정작 바쁜 사람이 본인임에도 느긋한 모습을 보이면 성격이 급한 사람이 일처리를 하기도 한다.

Section_ 16
'뒤통수 때리기' 간파

'평화협정 체결 뒤 기습 공격'_ 사후에는 여러 명분 붙여

믿었다가 배신을 당할 때 "뒤통수를 맞았다"고 한다. 두 나라 혹은 여러 나라 사이의 협상에서 책임 있는 당국자들이 국제 협약에 준할 정도의 약속을 했으나 나중에 다른 말을 하는 경우가 있다. 뒤통수를 치는 것이다. 합의문 문구 해석의 차이 등을 거론하면서 약속을 뒤집는 것이다. 자국의 국익이 훼손된다고 뒤늦게 판단되거나 자국민들이 반발할 때 사용하는 수법이다. 또는 최고 지도자의 지침(훈령)에 어긋났을 때 합의를 백지화 한다.

• • •

한 나라를 책임진 지도자가 국제 조약을 폐기하고 상대국을 배신할 때도 있다. "나라를 지키기 위한 불가피한 선택"이라고 명분을 붙인다. 역사적으로 보면 국제관계에서 나라 간 평화협정을 체결한 뒤 기습 공격을 하는 일도 있다. 사후에 "나라의 생존이 갈린 상황이었다"고 하는 등 여러 명분을 댄다. 제2차 세계대전과 같은 큰 전쟁이 벌어졌을 때 각 국가는 국익과 생존 여부에 따라 행동한다.

손을 내밀어 서로 화해하고 잘 지내자고 한 뒤 갑자기 되돌아서서 때리기도 한다. 위협을 하다가 때릴 수도 있지만 사이좋게 손을 잡고 있다가 때릴 수도 있다. 때로는 내민 손을 안 잡아줬다는 이유로 때리기도 한다.

허위 포장 간파하기..고상한 이름 붙이고 다른 행동 _ '이미지 높이고 유인'

어떤 기관·단체는 고상한 이름을 내걸고 그 이름과 다른 행동을 한다. 고귀한 이름을 붙여서 이득을 취하는 전술이다. 우선 이름을 통해 이미지를 제고해서 호감을 사게 된다. 그와 동시에 부정적으로 인식될 수 있는 행동(이득 챙기기)을 가릴 수도 있다. 명목은 그럴싸하게 들고 '딴 짓'을 해도 사람들은 잘 모른다. 이름이 헷갈리게 하기 때문이다.

이를 긍정적으로 보면, 음식점이나 주점 등이 정감을 주는 상호를 다는 것도 마찬가지다. 고상하고 고급스러운 이름이 손님을 유인하는 전략인 셈이다.

Section_ 17
발 빼기

더 깊은 수렁에 빠지지 않기 위해 _ '빠르게 뺀 뒤 국면 · 발상 신속 전환하기도'

수렁이나 진흙탕에 빠지면 빨리 발을 빼야 더 이상의 피해를 막을 수 있다. 개인이나 기업, 단체 등에서 상황이 자신에게 불리하게 돌아가거나 실리가 없고 명성이 실추될 가능성이 있으면 발을 빼는 것이다. 발 빼기는 더 깊은 수렁에 빠지지 않기 위한 것이다. 한 사람이 어떠한 주장을 편 뒤 반대 여론이 일 조짐이 보이면 슬그머니 자신의 주장을 거둬들인다. '발 빼기 전술'이다.

발을 뺀 뒤에는 다른 사안을 언급하거나 다른 일에 매달리기도 한다. 발을 빼면서 국면 전환을 하는 것이다.

· · ·

정부 부처나 지자체에서 어떤 정책을 추진한다고 확약한 뒤 실행을 하지 않을 때가 있다. 제반 여건의 변화를 그 이유로 내세운다. 하지만 정책을 추진하는 사람이 정책의 비전에 확신을 갖지 못할 때가 있다. 사업 추진에 따른 책임을 감당하기 어렵다는 판단을 하면 발 빼기를 하는 것이다.

　현재의 상황에서 문제를 해결할 수 없을 때 "발상을 전환해야 한다"는 말을 한다. 발상 전환은 사고나 생각을 급격하게 바꾸는 것이다. 그렇게 함으로써 자신이나 자신이 속한 기업·단체·국가가 실익을 추구하는 것이다. '코페르니쿠스적 전환'이라고 불릴 정도로 발상을 전환해야 해답을 찾을 때도 있다. 발을 빨리 빼고 신속하게 다른 것을 모색하는 것이다. 패러다임(근본 인식 체계)을 바꿔야 할 때도 있다.

CHAPTER_06
싸움

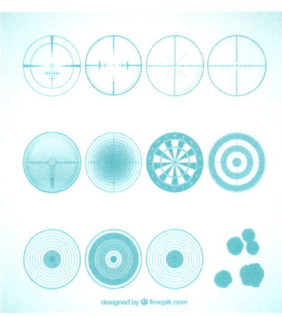

designed by Freepik.com

Section_01
'협상'의 기술

협상, 세게 압박한 뒤 하나 둘 양보하며 애초안 관철 _ '강경 기조로 협상력 높여'

노사 협상에서 노조나 회사 측이 과도한 주장이나 요구를 한 뒤 한 발 두 발 양보하는 모습을 보여 주면서 최종적으로는 애초 예상안을 관철시킨다. 한두 단계 혹은 높은 수준의 주장을 한 뒤 양보하는 모양새를 취하는 것이다. 일단 '공포(허위 대포)'를 날리는 것이다. 협상의 기본 논리로 여겨진다. 세게 압박한 뒤 양보를 하면서 애초 목표치의 120%를 획득하거나 100%를 얻고 양보했다는 명분을 받아 내는 것이다.

협상에서 과다치를 요구할 땐 '불쑥' 내놓지는 않는다. 사전에 압박용 명분을 축적하거나 객관적 수치 · 자료 등을 확보한다. 이렇게 해야 상대방이 수긍하게 되고 그 프레임에서 서로 줄다리기를 할 수 있는 것이다.

· · ·

일례로 어느 회사가 가을에 노사협상을 하게 되면 노조는 봄부터 물가 인상에 따른 실질임금 하락 등을 내세워 특별보너스를 요구하며 압박한다. 반면 사용자 측은 경기 침체 등의 사유로 정기 보너스를 주지 못할 수 있다는 소문을 퍼뜨리는 방식으로 압박한 뒤 가을 협상에서 애초 예상 치로 임금을 올려주면 노조가 고마워할 수도 있다.

정치권에서도 야당이 정부·여당의 실책에 내심으로는 장관 1~2명의 교체를 바라면서도 내각 총사퇴를 주장하면서 1~2명을 교체하도록 한다. 그러면 이를 '실정'으로 연결시켜 대국민 홍보전을 벌인다. 협상에서 강경 기조를 유지하는 것은 노사 대치 등에서 협상력(임금 인상률을 높이는 등 많이 가져올 수 있는 능력)을 제고하기 위한 것이다.

협상에서는 애초 양보할 것을 일부러 내부 사정 등을 들어 난색을 표하기도 한다. 이에 상대방이 설득에 설득을 하도록 하고 마지못해 상대에게 양보한 것으로 시늉을 한다. 그러면 상대는 의기양양해진다. 상대에게는 "(하나를 얻어냈기에) 나머지는 여유롭게 대처해도 된다. (설혹 다른 하나를) 양보해도 된다"라는 인식도 심어준다. 끝까지 밀어붙여도 상대방이 양보 안을 던지지 않으면 '용단'을 내린 듯한 모습을 보이며 물러서기도 한다. 심리적 우위에 설 수 있다.

Section_ 02
프레임 던지기

상대를 틀에 가둬 옴짝달싹 못하도록 _ '전투 하나에 이기고 전쟁 질 수도'

노사 협상에서 회사는 노조 쪽에 희망퇴직·복지축소 등의 사안을, 노조는 회사 쪽에 경영진 임금 삭감·보너스 대폭 인상 등의 사안을 압박용으로 던지기도 한다. 그러면 상대방은 이와 관련한 고민에 푹 빠져 딴 생각을 하지 못하게 된다. 프레임에 가두는 것이다. 노사 간 의제 설정을 먼저 하는 것이다. 어떤 신문사에서 아주 중요한 사회적 문제를 다뤄 관련 논쟁이 불붙도록 한다. 주도적으로 어젠다를 정하는 것이다. 그럼으로써 유력지라는 명성을 얻는다.

・・・

프레임 던지기는 A가 제시하고 B가 끌려오게 하는 전술이다. 바둑이나 장기에서 '선수'를 두는 것도 프레임 던지기의 일환이다. 프레임 던지기는 원하는 목표·상황을 추구하기 위해서다. 상대방을 틀에 가둬서 몸부림치다 지치게 만들고 허송세월하게 하는 것이다.

프레임은 항상 유리한 구도로 설정하고 불리한 프레임에는 말려들지 않는 게 실익을 챙기는 방법이다. 자신의 목표를 달성하기 위해서 프레임을 먼저 던지고 이 프레임 속에서 대화를 진행하는 것이다. 상대가 대응 방식에 혼선을 빚도록 하고 대책 마련에 갈팡질팡하도록 하는 것이다.

하나의 프레임에 매몰돼 전력투구하면 또 다른 프레임을 생각하지 못하게 된다. 대세가 여러 개의 프레임에서 결정되는 상황에서는 싸움을 승리로 이끌지 못한다. 쉽게 말해, 전쟁은 여러 개의 전투에서 적을 격퇴해야 승리할 수 있다. 하나의 전투에 눈이 멀면 다른 전투 현장을 모르고 소홀히 할 수 있다. 하나의 전투를 이기더라도 전쟁은 패하게 되는 것이다. 반대로 상대에게 또 다른 큰 전장이나 전투가 있다는 것을 모르게 하거나 간과하도록 하면 전쟁에서 승리를 거둘 수 있다.

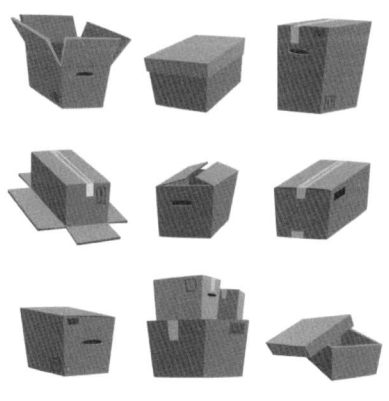

Section_ 03
권력 생리

'화무십일홍, 권불십년'_ 짜릿한 권력맛 못 잊는 사람 많아

권력은 누구나 가지려고 한다. 권력은 '부자지간(아버지와 아들 사이)'에도 나누지 않는다고 한다. 그만큼 많은 사람들이 원한다는 의미다. 하지만 권력을 두고 '화무십일홍(열흘 붉은 꽃이 없다) 권불십년(권력은 십년을 가지 않는다)'이라는 말에 빗대어 이야기한다. 권력은 한도 끝도 없이 가지는 것이 아니라 어느 시기가 되면 내려놓아야 한다는 것이다. 이러한 이치를 거스르는 사람은 불운을 맞게 된다.

• • •

권력자 주위에는 불나방들이 불을 보고 죽기살기로 모여들 듯 사람들로 들끓는다. 속된 말로 '딸랑딸랑(아부)' 하는 사람들도 많다. 하지만 그러한 권력에 취하면 불행해질 수 있다. 역대 정권의 실력자들이 비리 혐의로 수감되는 경우는 흔하게 볼 수 있다. 릴레이로 감옥에 가는 것이다. 권력은 양날의 칼인 셈이다.

'정승 집 개가 죽으면 문상을 가도 정승이 죽으면 문상을 안 간다'는 말이 있다. 권력의 속성을 그대로 드러내는 말이다. 언론이나 사법기관은 정권이 바뀌면 전직 대통령이나 총리, 정권 실세 등 최고 권력자에게 칼날을 들이댄다. 서랍 속에 넣어둔 사건이나 비리 제보를 꺼내서 먼지를 홀홀 턴 뒤 조사에 착수한다. 권력자들의 힘이 빠졌을 때 후려치는 것이다.

권력의 맛을 본 사람은 그 맛을 잊지 못한다고 한다. 권력을 잃은 사람은 굉장히 힘들어한다고 한다. 그렇기에 다시 권력을 획득하기 위해 모든 것을 던진다. 사람에 따라서는 불법·위법도 불사하기도 한다.

Section_ 04
매파 · 비둘기파 나누기

"상대도 분열하는 것 간파해야"_ '한 덩어리 인식은 오류'

여당과 야당, 노조와 회사 측, 국가 간 등 상대와 맞서게 되는 구도에서 간과하기 쉬운 오류 중 하나가 상대를 단결된 하나의 개체로 보는 것이다. 상대는 매파(강경파)와 비둘기파(온건파), 중도파 등 다양한 생각을 가진 사람들로 구성돼 있다. 이들이 협력을 하지만 때로는 분열하고, 심지어 외부의 적이나 라이벌보다 더 첨예하게 암투를 벌인다.

• • •

대치를 하거나 협상을 할 때에는 상대가 분열한다는 것을 간파하는 것이 중요하다. 상대를 동일한 하나의 덩어리로 인식해서는 안 된다는 의미다. 여야가 대치하면 여당 내, 야당 내에서 분열이 진행된다는 것이다.

상대방과 맞섰을 때 매파를 자극하거나 비둘기파에 힘을 실어주는 조치로 전쟁을 승리로 이끄는 전술도 자주 활용된다. 아군 내부에서도 강온파가 갈리는 경우가 있다. 강경파와 온건파가 혼재하는 것이다. 우리 역사에서는 주화파와 척화파로 갈라진 적도 있다. 개화파와 척사파로 나뉘

어지기도 했다.

　매파와 비둘기파의 동거·협력·암투는 변화무쌍하면서도 치열하게 펼쳐진다. 조직 안에 적과 동지, 조직 밖에 적과 동지가 혼재하기도 한다. 조직 안팎이 동일하다는 의미다. 특히 하나의 덩어리로 보이는 권력 내부도 그 심부에는 분열이 일상사로 진행되기도 한다. 때로는 암투가 격렬해져 무력 충돌로 이어지기도 한다.

Section_ 05
디테일 따지기

승부 갈림길 _ '한도 끝도 없이 따지면 안 될 때도'

일례로 언론 보도에서 '대구에서 화재가 발생해 두 명이 숨졌다'는 기사가 나올 때가 있다. 하지만 이 보다는 '대구 신천동에서 화재가 발생해 두 명이 숨졌다'는 기사가 더 명확하다. 디테일하게(구체적으로) 장소를 구체적으로 전한 것이다. 대구에서 화재가 발생했다고 하면 대구지역에 사는 사람이나 대구에 연고가 있는 사람은 어느 동네인지 궁금해 하기 때문이다.

● ● ●

디테일을 따지는 것은 논리의 기본이다. 승부와 성패는 1~2% 차이에서 결정되기도 한다. 대학입시에서도 1~2점 차이로 당락이 갈린다. 사회생활에서나 인간관계에서 하나 더 디테일하게 따짐으로써 승자가 될 수 있고 피해를 예방할 수 있다.

디테일은 자잘한 사안을 일컫는 지엽말단과 구분된다. 지엽말단적인 사안에 파묻히면 큰 걸 놓치게 되고 종국에는 '루저'가 될 수 있다. 부정적인 의미로 '시시콜콜(미주알고주알) 따진다'는 말이 사용된다. 디테일을 어느 지점에서 끊어주는 것도 승부를 가르는 요소가 될 수 있다. '디테일'을 따진 뒤 여기서 멈출 것이냐 아니면 한 번 더 '디테일'을 따질 것이냐의 문제가 있을 수 있다. 또 '디테일'을 서너 차례 더 따져 들어갈 것이냐는 고심도 할 수 있다. 어느 선까지 따지는 것이 정답인지는 상황에 따라 다를 수 있다. 한도 끝도 없이 따지면 오히려 실착할 수도 있다는 것이다.

악마는 디테일에 있다고도 한다. 어떠한 정책의 구호와 주장은 주민들을 이롭게 하고 그럴 듯 하지만 그 구호와 주장의 디테일한 내용과 실행 과정이 오히려 주민들을 힘들게 할 때가 있다. 어떤 사안을 구체화 하면서 오류에 빠질 수 있다는 것이다. 디테일의 함정을 간파하는 것도 중요하다.

Section_06
시간 끌기

불리한 상황 탈피 방책 _ '거꾸로, 일사천리로 해야 할 때도'

유리하지 않은 상황에서는 말이나 행동 등 액션을 미루면서 상황이 수그러들고 잠잠해지기를 기다린다. '시간 끌기' 전법이다. 논란이 숙지는 것을 기다리는 것일 수도 있고 분위기가 바뀌는지를 두고 보는 것일 수도 있다. 시간 끌기는 특정 목적을 위해 사용할 수 있는 카드다.

적군의 성을 함락시킬 때 당장 공격하면 아군의 피해가 클 때 시간 끌기로 성 내 식량과 물이 동나도록 한다. 적군들이 피폐해지도록 한 뒤 큰 힘을 들이지 않고 성을 떨어뜨릴 수 있다. A국가와 B국가가 대치할 때 B국가가 불리하면 대화 제의나 화합 제스처를 통해 시간끌기를 하면서 지원국을 확보하거나 강력한 무기를 개발한다. 그리고 맞설 힘이 된다고 판단되면 A국가와 '진검 승부'를 한다.

시간 끌기는 협상·대치 시에 유리한 국면을 만들기 위해 활용된다. 유리한 상황에서도 더 큰 실익을 취하기 위해 뽑을 수 있는 카드다. 어떠한 행동을 해야 함에도 특별한 목적을 염두에 두고 미적대고 꾸물거릴 때가 있다. 파문이나 논란을 가라앉히기 위해 시간벌기용 꼼수를 쓰기도 한다.

• • •

시간을 끌어서는 안 되는 경우도 있다. 사법기관에서 힘이 센 권력자를 수사할 때 단기간에 사법 처리를 해야 성과를 낼 수 있다고 한다. 외과 수술과 같이 특정 부위에 메스를 들이대고 수술을 한 뒤 재빨리 해당 부위를 덮어야 한다는 것이다. 수사를 전광석화 같이 일사천리로 하지 않고 질질 끌거나 별건에 신경 쓰면 오히려 수사진이 다치기도 한다는 것이다.

Section_07
마녀 사냥

이렇게 해도 비난 저렇게 해도 비난 _ '역공에도 활용'

어느 여성이 함께 길을 가던 남자 친구가 거리에 넘어진 젊은 여성에게 친절하게 대하면 "흑심이 있다"고 비판하고, 무신경하거나 외면하면 "인간성이 나쁘다"고 비판할 수 있다. 이런 경우에 남자 친구가 '마녀사냥 식 논리'라며 여자 친구에 역공을 취할 수 있다.

마녀사냥 논리를 적용하면 이렇게 해도 나쁜 사람, 저렇게 해도 나쁜 사람이 되는 것이다. 이렇게 해도 비난받고 저렇게 해도 비난받는 것이다. 어떤 행동을 하든지 비난받는 것이다. 무조건 나쁜 사람으로 규정되는 것이다.

생활 속에서 많이 사용되는 논리다. 특히 어떠한 행동을 취해도 상대가 비판을 가할 때 역으로 공격하기 위한 수단으로 자주 활용된다. 마녀 재판은 물속에 사람을 넣어 가라앉아 익사하면 마녀가 아니고, 둥둥 떠 살아나면 마녀여서 화형에 처한다는 내용이다. 당사자는 어쨌든 죽음을 면치 못하는 것이다.

• • •

　예컨대 정치권에서 A정당의 간부가 B정당에 대해 고소득층의 세금을 줄이는 정책을 채택한 것과 관련해 '부자를 편드는 정당'이라고 비판했다. A정당의 또 다른 간부는 얼마 전까지 B정당에 "고소득층 소비가 얼어붙어 경제 활성화가 되지 않는다"면서 고소득층 세율을 낮춰 줄 수 있는 정책을 내놓으라고 촉구했다. 이에 B정당은 '마녀사냥식 논리'라고 A정당을 역으로 비판할 수 있다.

Section_08
'적' 분열시키기

내분 사안 던져 서로 싸우게 만들어 _ '적 수뇌부 또는 지지 세력 갈라놔'

전쟁이나 일상의 영업 경쟁에서 적(경쟁자·라이벌)과 첨예하게 맞섰을 때는 적의 내부를 분열시키는 전술이 종종 등장하곤 한다. 내부가 분열되면 그 조직은 모래알이 된다. 그러면 외부와의 전쟁(경쟁)에서는 자멸할 수밖에 없다.

국제 관계 등에서 나라끼리 엄혹하게 대치할 땐 상대를 분열시키고 내부는 단합시켜야 승산이 있을 때가 있다. 적을 분열시키기 위해 분열 기제를 던지기도 한다. 내분 기제 하나를 던질 수 있고, 여러 개를 동시다발적으로 넣어 줄 수 있다. 적을 분열시키는 데에는 상하 사이, 혹은 경쟁자끼리 싸움을 붙이는 등 다양한 방법이 활용된다.

적의 수뇌뿐만 아니라 지원군을 분열시킬 수도 있다. 적의 아성을 떠받치는 지지 세력을 분열시키는 방식도 있다. 내분 기제는 적이 알지 못하도록 던져야 효과를 발휘한다. 겉으로는 적에게 유리한 사안으로 인식되도록 하기도 한다. 내분이 일어날 사안이지만 도움이 된다는 착각에 빠지도록 하는 것이다. 반대로 인식하도록 하는 것이다.

· · ·

가령, 대통령선거에서 특정 지역을 기반으로 한 후보자에게 타격을 가해야 선거를 이길 수 있는 상황이 벌어질 수 있다. 이때 대선을 앞두고 지방선거나 총선이 치러지면 해당 지역민이 호감을 느끼는 자당의 인물을 후보로 내보내 차차기 대선주자로 띄울 수 있다. 차차기 주자를 아군의 차기 주자의 경쟁자인 듯하게 착각하도록 만들기도 한다. 아군의 분열 같이 보이는데 실제로는 적군의 지지 세력을 분열시키기 위한 책략이다. 해당 지역민을 갈라놓는 것이다. 눈에 띄지 않는 분열책이다.

Section_09
칼 쥐고 있기

손에 들고 있을 때 두려움 안겨 _ '휘두르면 백해무익할 때도'

칼은 휘두르지 않을 때 상대가 두려움을 느낀다. 칼을 뽑아 휘두르려고 폼을 잡으면 상대의 두려움은 극에 달한다. 하지만 실제로 칼을 휘두르면 상대는 모든 것을 걸고 맞선다. 싸움을 하면서 칼을 맞으면 "좀 아프지만 별 것 아니구나"라고 생각할 수도 있다. 공격하기 전에 느끼는 공포감이 큰 것이다.

칼(카드)을 언뜻언뜻 휘두를 듯하면서 불안감을 조성하는 전략이다. 협상이나 영업 전선에서 상대가 두려움을 느낄 수 있는 카드는 쥐고 있어야 한다. 써 버리면 백해무익하고 오히려 역공을 당할 수 있다. 손에 쥐고 흔들면 경고 효과가 있어 상대가 쉽게 움직이지 못한다.

카드는 쥐고 있는 것 자체가 카드를 사용하는 것일 수 있다. 때릴 듯 겁을 주면서 몽둥이를 손에 들고 있을 때 위협적이다. 상대에게 함부로 행동하지 말라는 사인을 주는 것이다. 정부와 민간과의 관계에서 "정책을 따르지 않으면 불이익을 주고 강경 조치를 취하겠다"고 엄포를 놓는 것도 같은 차원이다.

• • •

싸움·대치·갈등을 자주 겪은 사람은 "때려 봐라"라는 식으로 대한다. 경험상 맞아도 아무 것도 아닌 것을 알고 있다는 것이다. 수비하는 입장의 논리일 수 있다.

Section_ 10
분리 대응

전체적 효과 극대화 _ '각개 격파'

동북아에서 경제적으로는 상호의존이 높아지지만 정치적으로는 갈등이 깊어지는 현상을 '동북아 패러독스'라고 한다. 정치와 경제 분야가 독자적으로 움직이고 있는 것이다. 이를 다른 각도에서 보면 각 국이 정치와 경제를 분리 대응하는 것으로 분석할 수 있다.

한국과 일본이 역사적인 문제로 첨예한 갈등을 빚고 있다. 이와 관련해 한국의 국제 관계 전문가들 사이에서는 일본 당국자와 일본 국민을 분리 대응해야 한다고 지적하기도 한다. 역사적인 문제와 관련해 일본 당국자를 비난하는 것이 일본의 일반 국민까지 비난하는 것은 아니라는 것을 분명히 해야 한다는 것이다.

・・・

일상에서도 많이 활용된다. 한 조직에서 부서 간 의견 충돌이 있을 때 다른 부서의 부서장과 부서원들, 혹은 부서원들 개개인에 대해 분리 대응을 하기도 한다.

자녀 교육에서도 잘한 점은 칭찬, 잘못된 점은 꾸중을 해야 할 때가 있다. 무조건 칭찬으로 일관하면 오히려 자녀를 망칠 수가 있다. 분리 대응하지 않고 뭉뚱그려 대응하면 패착을 둘 수 있다. 어떤 큰 조직이나 힘센 경쟁 상대와 맞설 때는 그 구성원을 각개 격파하는 것이 나을 때가 있다.

하나의 정책을 추진하는 데 여러 사안을 고려에 넣으면 이것도 아니고 저것도 아닌 '잡탕밥'이 될 때가 있다. 버무려서 좋을 때가 있고 나쁠 때가 있는 것이다. 장고 끝에 악수를 두기도 한다.

Section_ 11
'성동격서'

'엉뚱한 데 신경쓰도록 하기'.. 시선 분산시켜 본연 목적 완수

어느 소도시에서 금은방털이 범죄가 잇달아 발생했다. 범인은 공범으로 하여금 금은방과 거리가 먼 곳에 위치한 업체의 무인경비시스템을 오작동 시켜 경비업체 직원이 이곳으로 출동하도록 했다. 같은 시각에 범인은 그 업체와 반대편에 위치한 금은방을 유유히 턴 것이다. 금은방에는 경비업체 직원들이 한참 뒤에 출동하도록 한 것이다. 소도시여서 경비업체 직원은 몇 명 되지 않았다.

상대를 엉뚱한 데 신경 쓰도록 하고 자신의 실익을 챙기거나 목적을 완수하는 전술이다. 사자성어 '성동격서(동쪽을 때리는 척 하면서 서쪽을 치는 척 한다)', '양동작전(부차적인 곳을 공격하는 척 하면서 주된 공격 대상을 치는 것)'과 의미가 통한다.

• • •

시선을 분산시키는 전술이기도 하다. 배구나 축구 경기에서 페인트 모션도 유사한 사례로 볼 수 있다. 조직 사회에서는 "어느 누구가 (당신에 대해) ~라고 한다더라"면서 슬쩍 비난 여론을 던져서 경쟁자 등이 엉뚱한 사안에 분노하게 하거나 신경 쓰게 만들어 본연의 업무를 제대로 하지 못하게 하기도 한다.

유명인사가 기자회견 등에서 향후 계획을 묻는 기자들에게 2차적 혹은 3차적인 계획을 언급하면서 가장 우선시하는 1차 계획을 극비 진행하기도 한다. 엉뚱한 곳으로 관심과 눈길이 쏠리게 하는 것이다.

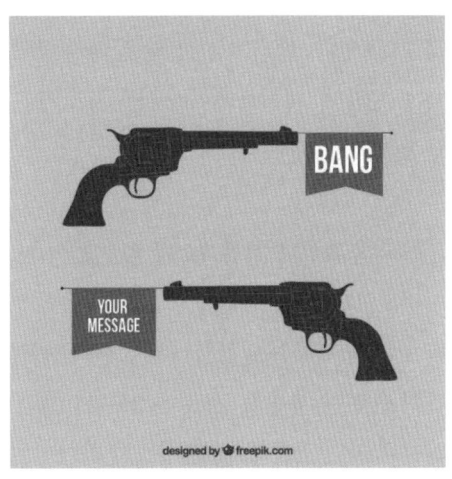

Section_ 12
발목 잡기

안팎 동시 전선 형성 _ '시기 · 질투, 일상사..흔들기도'

여당이나 야당 내부에서 서로 발목을 잡는 상황을 목격할 수도 있다. 당의 주도권이나 주요 직책을 두고 경쟁을 벌일 때다. 당 대표나 주요간부에 대해 공연히 트집을 잡고 흔들기를 시도한다.

여야 간에도 발목 잡기를 한다. 상대의 발목을 잡아야 자신이 살 수 있을 때가 있다. 달리기를 할 때 상대의 발목을 잡으면 상대는 앞으로 나아가지 못한다. 페어플레이가 아니지만 생존이 갈리는 극한 상황에서는 용인될 수도 있다.

• • •

어느 조직이나 직급에서나 라이벌이 앞서 나가는 것을 굉장히 견디기 어려워하는 사람이 있다. 그에 따라 시기하고 질투하고, 질시하기도 한다. 시기 · 질투는 일상사라고도 한다. 관공서 등의 인사철에는 특정인 흔들기를 하는 장면이 종종 목격된다. 그럼으로써 이 사람이 가려고 하는 자리에 자신이 간다. 혹은 최소한 라이벌이 아닌 제3자가 가도록 한다. 외부의 싸움보다 내부 경쟁자와의 싸움이 더욱 치열할 때가 있다. 전쟁이나 싸움을 할 때는 안팎에 동시에 전선이 형성된다.

 연인 사이인 남녀가 길을 가다가 남자 친구가 예쁜 여인을 바라보면 여자 친구는 대뜸 "성형이 절정이네. 안 고친 데가 없네"라며 비아냥댄다. 남자 친구는 성형을 했는지 안 했는지 여부도 분간하지 못한 채 여자 친구의 말을 그대로 수용한다. 여성이 남성의 마음을 묶어두는 방법이다. 남성은 여친의 시기·질투심은 간과하기도 한다.

 말꼬리를 잡기도 한다. 상대를 약 올려 열 받게 한 뒤 흥분해서 말실수를 하면 말꼬리를 잡아서 비판하기도 한다. 발목잡기의 방법일 수도 있다.

Section_ 13
정글 인식하기

현실은 '힘의 논리' 관통 _ '약육강식 · 적자생존'

 '동물의 왕국' 등의 프로그램을 보면 정글에서는 순한 사슴이나 영양이 순식간에 사자나 호랑이에 먹히고 시뻘건 몸체가 뜯겨 나간다. 힘의 논리가 관통하는 정글이다. 약육강식이다. 인간사회에서도 개인 간, 조직 간, 국가 간 관계에서 '힘의 논리'가 관통할 때가 많다. 개인.기업간 힘의 역학관계를 갑-을로 표현하기도 한다. 힘이 센 '갑'이 힘이 약한 '을'을 착취하기도 한다.

∙∙∙

 국제 관계에서 평소 사이가 좋지 않은 상대국이 내정이나 제3국과의 갈등으로 위기에 빠졌을 때 가장 아파하는 곳을 건드리면서 공격한다. 상대가 정신이 없을 때 공격해 최고의 효과를 올리는 것이다. 상대의 위기를 기다렸다가 공격하는 것일 수도 있다. 국제사회는 피도 눈물도 없고 전쟁과 싸움의 논리만 판칠 때도 있다. 국제관계에서는 "오직 국익만 존재한다"는 주장도 있다.

기업체나 개인 간의 관계에서도 극한 상황에 처할 때 생존을 위해 선택을 해야 할 때가 있다. 정의와 명분보다는 오직 생존을 위해 나서야 될 때가 있다.

지도자가 국민을 굶기지 않기 위해 혹은 한 가정의 가장이 자식들의 배를 굶리지 않기 위해 '냉혹한 전사'로 바뀔 때가 있다. 빈번하게 목격되는 현실이다.

Section_ 14
연막 피우기

상황 불리할 때 활용되기도 _ '허 찌르기'

　새벽녘 고속도로를 달릴 때 안개가 자욱하게 끼면 운전자들은 고역이다. 헤드라이트와 깜빡이를 켜도 앞을 분간하기 어려울 때가 있다. 운전자에게는 '살인적인 안개'일 수 있다. 상대방이 언행에 앞서 연막을 피우면 그 진의를 분별하기 어렵다. 연막전술이다.

　예컨대 격렬하게 다투는 두 나라가 있다. 수세에 몰린 나라에서 평화협상 제안을 검토할 것이라는 언론 보도가 나오고 싸움도 적극적인 자세로 나오지 않는다. 이에 상대국 지휘부는 긴장이 이완되고 군인들은 경계가 느슨해진다. 수세에 처한 나라는 이 틈을 노리고 대대적인 공격을 퍼부어 전쟁을 승리로 이끈다. 평화협상 검토가 연막인 셈이다.

· · ·

　주위에서 예견하고 있는 특정 행동을 안 할 듯하면서 엉뚱한 일에 신경 쏟는 액션을 보이다가 돌연 그 행동을 하기도 한다. 상대의 허를 노린 것이다. 상대는 허를 찔리는 것이다. 개인이나 조직 단위에서 흔히 볼 수 있는 전술이다.

안개 화법도 마찬가지다. 안개를 만들어서 본의를 알지 못하게 하는 것이다. 상대가 애매모호하게 느끼게 하고 고개를 갸우뚱하게 만드는 것이다. 그러면서 자신의 의도를 관철하는 것이다.

Section_ 15
전선 줄이기

동시에 전선 여러 개 만들면 필패 _ '우군 확보 필수'

　가정에서 주부가 남편과 냉전을 벌이면서 동시에 자녀와 다투면 힘들어진다. 친정 식구와도 사이를 좋게 가져간다. 남편과 냉전 시에는 자녀와 친정 식구들을 일단 자신의 편으로 편입시키는 것이다. 남편과 전선이 형성되면 우군을 많이 확보해야 승산이 있기 때문이다.

　가정에서 주부가 우군을 많이 확보하면 심리적으로 우위에 설 수 있다. 여유 있게 남편을 요리하면서 냉전을 승리로 이끌 수 있는 것이다.

・・・

　기업체 간 경쟁에 있어서도 여러 기업을 동시에 경쟁자로 만들면 상황이 어려워진다. 한 기업과 전선이 형성되면 제3, 제4의 경쟁 기업은 평소에 사이가 좋지 않더라도 우군으로 삼는다. 그렇게 한 뒤 한 기업과의 대결에서 승리하면, 제3, 제4의 기업과 새로운 전선을 형성하기도 한다.

전선을 동시에 여러 개 만들지 않는 전술이다. 전선이 여러 개 형성되면 힘이 분산되기에 패배할 가능성이 높다. 전선을 하나로 압축해 여기에 전력을 쏟고 나서 어느 정도 시간이 흐른 뒤 다른 전선에 임해야 한다는 논리다. '전선 줄이기'는 약자가 강자로 부상하는 과정.방법으로 활용되기도 한다.

Section_ 16
기습

상대 수비 무력화 _ '영악하지만 빈번'

사법 당국이 사회적 지위나 권력이 있는 사람을 사법 처리할 때 혐의를 사전에 모두 확인하고도 '단순 참고인 자격'으로 부를 때가 있다. 피의자 신분으로 소환하면 불응할 가능성이 있기 때문이다. 사법 당국은 소환한 사람이 조사 중 피내사자로 신분이 바뀌고 조사를 마친 후에는 피의자로 신분으로 바뀌었다고 공표하기도 한다.

상대 수비를 무력화 하고 기습 공격을 해서 원하는 바를 얻어내는 전술이다. 영악할 수도 있으나 엄혹한 현실에서 여러 분야에서 통용되는 수법이다. 상대가 예상하지 못한 시기에 공격하면 큰 효과를 발휘하기도 한다.

● ● ●

기습적으로 질문을 하거나 기습적으로 요구를 하기도 있다. 상대방이 다른 일에 바빠서 정신이 없을 때나 곤궁한 상황에 처했다고 판단될 때 자신이 원하는 것을 얻어내는 전술이다. 질문이나 요구를 받은 쪽에서는 당황하지만 다른 대안이 없어 순순히 답하거나 내주기도 한다.

어떤 사안과 관련해 상대가 준비를 하지 못한 상황에서 기습 제안을 하기도 한다. 이 제안이 주위의 호응을 얻거나 객관적으로 봐서 상대가 받아들일 수밖에 없으면 큰 힘을 들이지 않고도 희망하는 것을 쉽게 얻어낼 수 있는 것이다.

CHAPTER_07
인식

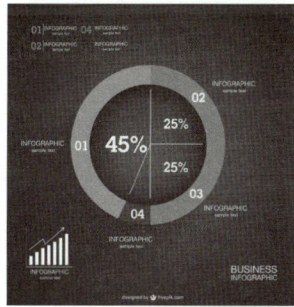

designed by Freepik.com

Section_01
복기하기

실수 되풀이하지 않도록 점검 _ '역복기할 수도'

한 언론인은 늘 기사를 쓴 뒤 다른 신문과 비교하며 복기를 한다. 자신이 기사를 쓸 때 혹시 놓친 점이 있는지 점검하는 것이다. 복기는 바둑을 다 둔 후 한 수 한 수 거쳐 온 길을 되새기면서 승패의 원인을 분석하는 것이다. 과거를 되돌아봄으로써 추후 똑같은 실수를 반복하지 않고 자기 발전의 방법을 찾는 것이다.

'복기'의 논리에서 한 발짝 더 나아가 현 상황에 대해 미래의 어느 지점에서 어떤 복기를 할지를 생각해 볼 수도 있다. 사고와 논리를 확장하는 것이다. 현재에서 미래로 '타임머신'을 타고 날아가서 복기를 하는 것이다. 현 상황에서 어떤 요소들이 승리와 패배의 요인이 될 수 있을까 분석하는 것이다.

• • •

대선이나 총선 정국에서 선거가 끝난 후 어떤 게 승패의 요인이 될 것인지를 미리 점쳐보는 것도 하나의 능력일 수 있다. 선거 이후에 "그런 생각을 왜 하지 못했을까"라는 분석을 미리 해 보는 것이다.

　세계적인 한 방송사는 '왜 실수를 했는지 살펴보는 게 전통'이라고 한다. 복습의 중요성과 맥이 닿을 수 있다. 복습은 과거에 익힌 사안을 순간순간 반복해서 깨치는 것이다. 체화해서 자신의 것으로 만든다는 것이다. 복습이 최고의 공부 방법이라는 말도 있다. 수험생들이 '오답 노트'를 중요시하기도 한다. 복기도 '피드백 시스템'의 일환으로 볼 수 있다.

Section_02
용도 분석하기

대외용 · 국내용 등 언행 용처 따져봐야 _ '이해도 높아져'

예컨대 어느 나라의 정상이 앙숙 관계인 외국의 정상을 맹비난하며 대립각을 세웠다. 이 정상의 발언은 외국 정상에 대한 비난에 목적이 있는 것이 아니라 자국민의 지지를 회복하기 위한 것이라는 분석이 나왔다. 앙숙지간인 나라에 좋지 않은 감정을 가진 국민의 속을 시원하게 해서 지지율을 끌어올리려는 '국내용'이라는 것이다. 대내용 코멘트, 대외용 발표, 국내용 발언, 국외용 행동 식으로 분석을 한다.

어떤 발언이나 행동이 해당 사안보다 다른 것을 겨냥한다는 것이다. 정책 당국자나 기업 관계자의 언행을 분석할 때 용도를 따져보면 이해도를 높일 수 있다. 발언이나 행동에 깃들어 있는 다른 목적을 간파하고 용도를 구별하면 적절한 대응을 할 수 있다.

· · ·

어느 정당이 상대 정당의 정책을 상식을 넘어서 맹비난할 때가 있다. 이에 대해 언론은 다가오는 총선을 앞두고 기선을 잡기 위한 '선거용'이라는 분석을 하기도 한다. 정당이 지방선거를 앞두고 지역 개발 등 선심성 사업을 발표하면 '선거용'으로 언론은 풀이한다. 선거에서 표를 많이 얻기 위한 발표라는 것이다. 정당은 선거에 생사가 달렸기에 모든 것을 쏟아붓는다. 초·중학교의 반장 선거에서도 "반장이 되면 ~을 하겠다"고 한다. 선거용 코멘트다. 선거 이후에는 사정이 생기고 환경이 여의치 않아 실행에 어려움을 겪을 수 있다. 실행 여부는 이후의 문제다.

사회생활이나 직장에서도 남을 배려하는 듯한 말을 하지만 실제로는 자신을 위한 말을 하는 사람을 볼 수 있다. 가정에서도 배우자를 위하는 듯하면서도 자신을 위하는 코멘트를 한다. 어떤 발언에 대해 '국면전환용 발언', '(민심) 어루만지기용 발언'이라고 분석하기도 한다. 언행 자체에 목적이 있는 것이 아니라 다른 곳에 목적이 있다는 것이다.

Section_03
낭만적 생각 안 빠지기

곤궁할 땐 근거 없는 낙관 _ '오판은 치명적'

어느 신입사원이 일처리에 실수를 해 회사 매출액에 타격을 주게 됐다. 동료나 상사 등 주위에서는 관련 내용을 입에 올리지 않고 사무실 분위기도 불편하지 않았다. 하지만 얼마 뒤 사내 감사를 받으라는 통지를 받았다. 실수에 대해 "그냥 넘어갈 것"이라는 낙관이 근거 없는 희망사항인 것을 뒤늦게 깨달았다.

한 개인이 곤궁한 상황에 처하거나 위험한 상황을 만나면 허상에 빠지기도 한다. 현상과 관련해 본인의 희망이 담긴 주관적인 생각이 객관적인 것으로 착각할 때가 있다는 것이다. 객관적, 이성적, 합리적 사고를 하지 않고 희망사항이 담긴 요행을 바라는 것이다. 유리한 상황을 상상하고 가정한다. 현실과 상상의 영역이 엄연히 다름에도 이를 구분하지 못하고 구분하지 않으려고 하는 것이다. 이를 명백하게 구분하는 것이 더 큰 피해나 실수를 예방할 수 있는 길이다.

직장생활, 인간관계, 남녀관계 등에 있어서 의외로 순진한 생각을 하다가 낭패를 당하기도 한다. 현상을 너무 긍정적으로 보고 '낭만적인 생각'에 빠지는 것이라고 할 수 있다. 상대의 말을 곧이곧대로만 들어서 오인을 하는 것이다. 다른 사람의 단순한 호의를 과잉 해석하기도 한다. 라이벌과 깊은 친분이 있는 사람이 자신에게 호의적인 말을 해도 종국에는 라이벌의 편을 드는 경우가 많다. 가재는 게 편이고 팔은 안으로 굽기 마련이라고 하기도 한다. 호의를 보인 사람이 라이벌과 일시적으로 틀어진 것을 과잉 해석하면 본인만 손해를 볼 때가 있다는 것이다.

국제 사회는 각국이 자국의 국익을 최우선시하는 냉혹한 현실이다. 이 전제를 잊어버리고 상대국의 호의적인 태도에 넘어가 오판을 내릴 때가 있다. 이 오판은 국익에 치명적인 타격을 준다. 착각을 하면 엉뚱한 방향으로 가속도가 붙어 제어를 하기가 쉽지가 않다. 호미로 막을 일을 가래로도 못 막을 때도 있다.

Section_ 04
스스로 상처 내지 않기

'작심삼일 금연에 끙끙 앓지 말아야' _ 목표 낮추고 편하게

어느 언론인은 "연초에 많은 사람이 금연한다고 맹세하고 작심삼일 한다. 애초에 지키지 못하는 다짐을 해놓고 이를 못 지킨다고 스스로 상처 내고 괴롭히면 본인만 손해다"라고 얘기했다. 좌중은 순간 웃음이 '빵' 터졌지만 두고두고 음미할만한 말이라고 했다.

• • •

스스로 지킬 수 없는 약속이나 맹세로 자신을 괴롭히는 것은 어리석은 행위로 보는 논리다. 연초에 금연 결심을 한 뒤 작심삼일에 그친 데 대해 스스로를 "인내심이 없고 의지력이 약하다"고 괴롭히지 말라는 것이다. 이러한 잡념에 사로잡히는 것이 현명하지 못하다는 것이다.

스스로를 상처 내고 생채기 내고 괴롭히면 인생이 고달파진다. 자신을 괴롭히는 데 시간을 허비하는 사람이 의외로 많다고 한다. 스스로를 상처 내고 괴로워하지 말고 목표를 한두 단계 낮춰서 대략이라도 실현하는 게 나을 수도 있다.

연초에 금연을 다짐하지 말고 하루에 3~4개비만 피우는 것으로 목표를 낮추거나 작심삼일 하더라도 이를 되풀이 하면 된다는 것이다. 편하게 생각하는 것이 자신에게 이로울 수도 있다.

Section_ 05
똑같이 긴장하는 것 꿰뚫기

'뻔한 것 모를 때도'_ 간파한 사람은 여유 있게 대처

축구 경기에서 승부차기를 할 때가 있다. 승부차기에 임하는 선수들은 대부분 긴장한다. 키커와 골키퍼가 긴장하고 초조해하는 것을 꿰뚫고 여유 있게 경기에 임하는 선수가 있는 반면 혼자서만 긴장하는 것으로 알고 주눅이 들다시피 한 선수가 있다. 여유를 갖고 평소와 같이 실력을 발휘하는 선수가 뛰어나다는 평을 얻을 수 있다. 수능을 치르는 학생들은 모두 긴장한다. 자신뿐만 아니라 모두가 긴장한다는 사실을 알고 있는 학생은 한결 여유 있게 시험을 치를 수 있다.

• • •

비슷하게 느낀다는 것을 알고 인식하는 것을 논리의 확장으로 볼 수 있다. 사무실 옆의 동료, 평소 수다를 자주 떠는 이웃집 주부, 일반 국민이 비슷하게 느낀다는 것을 아는 것이다. 사람들의 생각이 특별하지 않다고 보고 일이나 업무, 정책을 추진하는 것이다. 어떤 사람은 너무 거침없는 언행을 해 눈총을 받기도 한다.

'사촌이 땅을 사면 배 아프다'는 말은 대부분의 사람이 알고 있다. 주위 사람이 갑자기 잘 되면 배가 아프다는 말이다. 이와 관련해 "그런 경우도 있구나", "속 좁은 사람들의 이야기구나"라고 치부하는 사람이 있다. 하지만 실생활에서 "다들 비슷하게 느끼고 있다. 별다른 생각의 차이점이 없다"라는 인식을 명확하게 갖고 어떤 일이든지 자신만만하게 처리하는 사람이 있다.

젊은 남성들이 포장마차에서 술을 마실 때 여성을 화제로 올린다. 젊은 여성들이 커피전문점에서 수다를 떨 때 남성을 소재로 삼는다. 각각의 사실을 젊은 여성이나 남성은 잘 모르기도 한다. 또래 이성들이 비슷하게 생각하고 있는데 "무슨 얘기를 나눌까" 하고 궁금증을 갖기도 한다. 뻔한 것을 인식하는 것이 쉽지 않을 때가 있다. 하지만 나이에 어울리지 않게 속속들이 알고, 이를 외부에 내색하면 오히려 본인에게 마이너스가 되기도 한다. '닳았다'는 말을 들을 수 있다. 모르는 게 약일 수도 있다.

Section_ 06
'원 오브 뎀' 치부하기

여럿 중 하나에 불과 _ '상대 발언 격하할 때 사용하기도'

기자회견에서 일문일답을 할 때 질문자가 정책 방향 등과 관련해 하나의 안을 거론하는 데 대해 "검토 가능한 여러 방안(대안) 중 하나다"라고 답한다. "여럿 중 하나일 뿐"이라면서 애매한 상황을 빠져나가는 것이다. 정치인이나 기업체 CEO 등이 기자간담회를 할 때 부정적인 질문이 나오면 "그런 생각(추정)을 할 수도 있습니다"라고 별다른 의미가 없는 것으로 치부해버리기도 한다.

비난·비판성 주장에 대해서는 "그렇게 볼 수도 있습니다"라고 한 뒤 자신의 주장을 펼친다. '원 오브 뎀(여럿 중 하나)'은 상대의 발언이나 특정 현상을 격하할 때 사용된다. 남녀관계나 인간관계에서 "여러 감정 중 하나다"라는 말도 많이 사용된다.

• • •

조직 생활을 할 때도 하나의 사안에 다양한 인식이 있다는 것을 전제로 삼아 다양성을 깔고 접근하면 오히려 문제해결 방도를 쉽게 마련할 수 있다. 자신의 주장이 중요한 만큼 다른 사람들의 의견도 중요하다고 보는 것이다. 자신의 주장도 상대방에게는 여러 주장 중 하나로 비쳐지는 것이다. 자신도 '원 오브 템'의 하나에 속하는 것이다. 본인이 없어도 회사는 굴러가고 세상은 돌아간다는 것을 인지할 필요가 있을 때가 있다.

　회의 중 중지를 모아야 할 때 한 사람이 정반대 의견을 내놓으면 "사람들의 의견(생각·주의·주장·판단)은 다양하니까… 여러 생각이 있을 수 있다"라고 말한 뒤 진도를 나간다. 거꾸로 볼 수도 있다. 대선이나 총선, 지방선거에서의 당락은 다양한 변수가 결합된 것으로 분석할 수 있다. 한두 개의 요인보다는 다양한 요인에 따른 것으로 볼 때 분석의 정확성과 신뢰도가 높아진다.

Section_07
'또' 달아 주기

과거·현재·미래 이어주고 상황 심각성 반영 _ '팔방미인'

　정치권에서 정당의 당적을 자주 바꾸는 정치인에 대해 '철새 정치인'이라고 한다. 이에 대해 시민들은 "또 당을 바꿨네"라고 입을 댄다. 가스유출 사고가 연달아 터지면 "또 가스유출 사고가 터졌다"라고 언론은 보도한다. 연말 송년회를 마친 남편이 연이어 새벽에 귀가한 데 대해 부인이 "또 실망시키지 마세요"라고 경고한다.

・・・

　논리적인 사고에서 '또'라는 말에는 과거와 현재, 현재와 미래를 이어주는 의미가 있다. '또'는 사건이나 사태의 심각성을 내포하기도 한다. "(시위가 격화되는 것과 관련해) 또 긴급조치가 내려졌다", "(귀가 시간이 늦은 여고생에게) 또 금족령이 내려졌다"라고 말하면 상황의 심각성을 말해 주는 것이다.

강력 사건이 연달아 터질 때 경찰서 형사계 직원은 "이번엔 또 뭔가"라고 반응한다. 말썽꾸러기 자녀가 연달아 사고를 치면 "이번엔 또 뭔가"라고 부모는 탄식을 한다. 업무처리 과정에서 복잡한 일이 잇달아 발생할 때 "또 머리 아프게 하네"라고 반응한다. 욕심쟁이에게 "다 가졌는데 또 뭘 가지려고 하느냐"고 되묻기도 한다.

Section_08
'불편한 진실'

객관적 판단 가능케 해 _ '인정하고 싶지 않아도 인정해야 할 때도'

어느 두 나라가 앙숙 지간이다. 하지만 한 나라의 국력과 인구는 상대국의 2~3배에 달한다. 이때 국력이 약한 나라의 국민은 이러한 '불편한 진실'을 간과하는 경향이 있다. 두 나라의 관계가 악화일로를 치닫다 전쟁이 터지면 국력이 약한 나라가 패할 수밖에 없다. 인정하고 싶지 않은 현실을 '불편한 진실'이라고 한다.

• • •

카지노는 도박이고 사행산업이지만 경제를 활성화하는 측면이 있다. 외국인 전용 카지노를 개설하면 외화를 끌어 모을 수 있다. '불편'하지만 현실에서 인정해야 하는 부분이다.

불편한 진실과 마주쳐야 하는 순간은 언제나 존재한다. '보고 싶은 것만 보려 하고 듣고 싶은 것만 들으려고 한다'는 말을 한다. '불편한 진실'을 외면한다는 것이다. 이러한 자세는 객관적 판단을 어렵게 한다. 불편한 진실이라도 알아둘 필요가 있을 때가 있다. 고교 3학년생이 입시라는 관문을 통과해야 하고, 연인과 헤어지면 결별에 따른 고통의 시간을 건너야 한다. 힘들고 불편한 시간과 마주해야 하는 것이다.

'불편한 진실'이라는 단어는 '불편한 도발'과 같이 '불편한 ~' 식으로 변형돼 활용되기도 한다. 현실로 받아들이고 싶지 않고 현실로 인정하고 싶지 않지만 현실로 성큼 다가온 것을 말한다. 일상에서 시어머니가 며느리에게 "(잔소리가 불편하더라도) 알아야 할 것은 알아야 한다"며 타이르기도 한다.

Section_ 09
'발등은 믿는 도끼'

믿어서 생기는 '위험'과 안 믿는 '대가' 저울질 _ 200% 믿어야 할 때도

　동서고금 유명 정치인들은 "어떠한 국가 간 조약도 믿지 않는다"고 못 박았다. 이를 두고 현실을 적확하게 꿰뚫은 말이라는 평가가 잇달아 나온다. 나, 우리 직장, 우리 회사, 우리 나라 등 주체 이외 객체의 언행이 거짓말인지 사기인지 구별할 수 있는 분별력을 가지라는 의미일 수 있다. 무조건 믿지 않는 것이 자신을 보호하기 위한 논리이기도 하다. "털끝 하나도 안 믿는다"는 표현도 있다.

　안 믿는 '대가'와 믿어서 생기는 '리스크(위험)'를 잘 따져봐야 할 때가 있다. 안 믿어서 피해를 당하고 후회를 할 수 있기 때문이다. 최후의 선택은 본인의 몫이기에 저울질을 잘 해야 한다. 빼어난 판단을 하기 위해서는 광범위한 독서와 경험, 심오한 수양이 뒷받침되어야 한다고 한다.

· · ·

　이와 반대로 무조건 믿거나 상대 언행의 200%를 믿어야 할 때가 있다.

대형 쓰나미 발생 소식 등 긴급 뉴스는 본능적으로 200%를 믿어야 생존이 가능할 수 있다. 뉴스를 순간적으로 200% 신뢰해 번개같이 행동함으로써 목숨을 보전하는 것이다. 가정이나 공공장소에서 가스 폭발사고가 났으면 1초 빠르게 대피하는 사람이 목숨을 건질 수 있다. 순발력・기민함이 필요할 때가 있다.

조직과 조직, 기관과 기관, 국가와 국가 사이에는 신뢰할 수 있는 대상이 있는 반면 신뢰할 수 없는 대상이 있다. 사람별 신뢰도도 그 얼굴 생김새만큼 다양하다. "믿는 도끼에 발등 찍힌다"는 말이 있다. 이를 뒤집어 "발등은 믿는 도끼에 찍힌다"고 하기도 한다.

Section_ 10
퍼센트로 분석하기

정의·불의 1~100% 계산하기도 _ '일도양단 벗어나는 것'

역대 대통령을 평가할 때 '공칠과삼(잘한 부분이 70%, 못한 부분이 30%)' 식으로 얘기할 때가 있다. '공팔과이'라고도 한다. 평가나 분석에 있어서 퍼센트 개념을 도입하는 것이다.

한 사람이나 하나의 현상을 분석할 때 선과 악, 정의와 불의 등을 나눠 각 1~100%로 계산하는 사람이 있다. 예컨대 어떤 사람은 성격은 좋은데 일처리는 아쉬운 부분이 있을 때 분야별로 점수를 매길 수 있다. 어느 정책이 서민층에는 좋은데 중산층에는 그저 그렇고 상류층에는 반발을 부를 때 각 효과를 퍼센트로 분석할 수 있다.

일상 대화 중 "가치관이 완전히 일치하는 것이 아니다"라는 말을 쓴다. 어느 정도(퍼센트) 일치하고 어느 정도 불일치한다는 것이다. 대북정책과 관련해 '햇볕'이냐 '강경'이냐는 일도양단을 벗어나 퍼센트로 접근하는 사람도 있다.

정의와 불의도 각기 100%로 여기다 모순에 빠지기도 한다. 정의로운 사람이라도 완전히 100% 정의롭지는 않다는 것이다. 정의롭지 않은 사람도 100% 불의에 젖어 있는 것은 아니다. 비리 혐의자에 대해서 그 혐의가 가벼우면 훈방, 무거우면 구속한다. 법을 어긴 사람을 집행유예로 석방할 수 있고 사형을 언도할 수 있다. 비위와 혐의의 경중을 퍼센트로 분석할 수 있다.

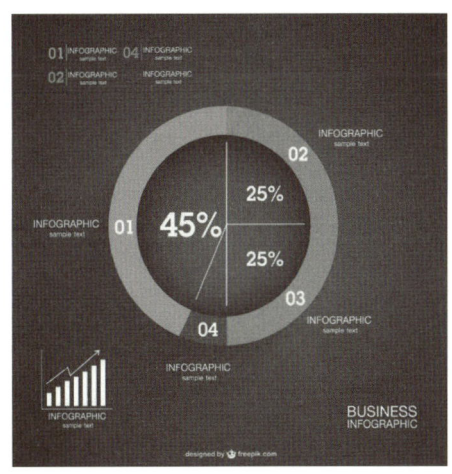

Section_ 11
주기 파악하기

개인 · 기업 · 국가 흥망성쇠 쌍곡선 _ '어느 시점인지 간파하는 것이 능력'

기업체는 상승곡선을 그리는 시기가 있는 반면 하강곡선을 그리는 시기가 있다. 개인에게도 잘 나가는 때가 있으면 슬럼프에 빠질 때가 있다. 주기를 그리는 것이다. 국가도 이러한 쌍곡선을 그린다.

자신이나 가정, 회사, 국가 등이 흥망성쇠 중 어느 시기에 있는지 파악하는 것도 때로는 중요하다. 스스로 자각을 하는 것이다. 좌표를 파악하는 것이 능력일 수 있다. 생각을 확장해 타자, 타 기관 · 단체 · 국가 등이 흥망성쇠 주기의 어느 지점에 있는지를 간파하는 것도 장기적 관점에서 형세 파악에 유효하다. 개인 가족사나 기업, 단체, 민족, 국가는 대개가 흥망성쇠가 있고 부침이 있다고 한다.

⋯

어느 지자체에서는 '생애 주기별' 맞춤형 복지를 제공한다고 한다. 한 사람이 출생, 성장, 취업, 결혼, 은퇴 등 인생의 중요한 일을 거치는 데 대해 해당 시기별로 필요한 복지 정책을 공급한다는 의미다. 주기에 따라 맞춤형으로 복지정책을 펴 효율성을 높인다는 것이다.

 어느 중년은 거리의 신혼 남녀가 유모차에 자녀를 태우고 가는 것을 보고 "유모차를 밀고 다니는 시기"라며 "행복한 시절"이라고 평한다. 커피 전문점에서 깔깔거리는 학생을 보고 "좋은 시절"이라고 한다. 특정 연령층에서 요구되는 일을 하고 있는 것을 말한 것이다. 생애 주기별 단계를 밟아나가는 사람이 행복한 축에 속할 가능성이 있다.

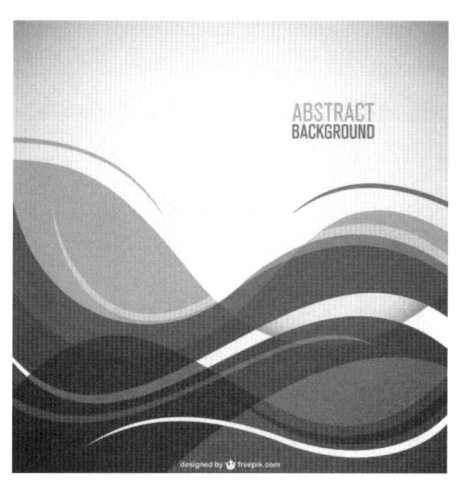

Section_ 12
'왜왜왜' 따지기

'논리의 제1원칙' _ 사고 폭 넓어져

일례로 신문·방송에서 '88만 원 세대'라는 보도가 나왔다. 독자나 시청자가 이 말을 처음 들으면 '왜 88만 원 세대라고 하는지'에 대해 의구심을 가질 수 있다. 그 순간 이 말을 따져보는 사람과 그냥 넘어가는 사람이 있다. 이 말의 의미를 알아보는 사람이 사고의 폭을 넓힐 수 있다.

먼저 '88만 원 세대'라는 문구 자체에 의문점을 가질 수 있다. 이어 '왜 88만 원밖에 못받는지'를 살펴볼 수 있다. 그리고 사회 현실도 함께 돌아볼 수 있다. 그렇게 한 뒤 '왜 대책은 없는지. 왜 대책을 안 만드는지'를 생각해볼 수 있다. '왜…왜…왜…'를 계속 따져들어 가는 것이다.

• • •

의문을 가지고 그 의문을 해결하는 것이 논리의 제 1원칙이라고 할 수 있다. 논리의 출발점인 것이다. '왜'를 계속적으로 던지면서 현상을 분석·진단하고 해법을 마련하는 것이다.

사회생활에서 '의문이 든다', '의혹이 인다', '의심이 든다', '의구심이 있다', '무슨 말인지 모르겠다', '왜 그런지 모르겠다' 등의 방식으로 의문을 표한다. 어떤 발언이나 행동, 현상이 합리적으로 이해가 되지 않으면 따져봐야 한다. 그렇게 하면 본인에게 유익할 때가 많다.

Section_ 13
'로또' 인식

달콤 · 솔깃 뒷면은 썩고 부패 _ '탐닉은 함정'

일상생활 속에서 달콤하고 솔깃한 것은 썩고 부패한 것을 잉태하고 있다고 보면 손해를 피할 수 있다. 달콤한 것은 후유증 · 후폭풍을 낳을 수 있다. 달콤한 사탕이 이를 썩게 하는 것이다. 달콤과 고통이 동전의 앞 · 뒷면일 때가 많다는 것이다. 솔깃한 말은 무조건 손해 · 피해를 동반한다고 생각하는 사람도 있다.

사기꾼은 "이 땅을 사면 큰 득을 볼 수 있다. 개발이 예정돼 있다. 고급 정보다. 이 정보는 아무나 알 수 없다"라는 식으로 항상 달콤한 말로 접근한다. 이런 말을 듣고 땅을 사면 이익을 볼 수도 있지만, 큰 손해를 보기도 한다. '로또'와 같이 터무니없는 횡재를 하기는 쉽지 않다. 사람들 간의 관계에서 '사기'를 일상사로 여기는 사람도 있다고 한다.

• • •

솔깃한 제안에는 통상 "이거 말하면 안 되는 건데"라는 전제가 깔린다. 여기에 하나 덧붙여 "다른 사람한테 절대 말해선 안 된다". "특별히 당신에게만 말하는 것이다"라며 입단속을 시키는 듯한 말을 한다. 덧붙이는 말이 듣는 사람을 더욱 혹하게 만드는 것이다.

   달콤한 제안을 덥석 물면 덫에 걸리는 것이다. 과도하게 득을 볼 심산이면 과다한 피해로 이어지기 십상이다. 달콤하게 다가오는 과도한 선물을 '교도소 행 짐꾸러미'로 보는 사람도 있다고 한다. 장미에는 가시가 있다는 것이다. 탐닉은 깊은 함정으로 여겨지기도 한다.

Section_ 14
양날의 칼

적군도 아군도 벨 수도 _ 칼날·칼자루 바꿔 잡는 건 순간

칼을 휘두르면 상대를 베고 죽일 수 있다. 하지만 이 칼이 아군이나 자신을 죽일 수도 있다. 어느 정치인이 특정 정책과 이를 옹호하는 사람의 잘못된 점을 비판하며 지명도를 높이기도 한다.

하지만 상황이 바뀌어 그 정책이 옳은 것으로 판명날 수 있다. 그러면 비판받은 사람이 옳다는 여론이 높아지고 거꾸로 칼을 맞게 된다. 칼날과 칼자루를 잡는 것은 순식간에 바뀔 수 있다.

기업체나 공공기관 등에서 칼자루를 '꽉' 잡고 있는 사람이 하루아침에 칼날을 붙들고 '달랑달랑' 하는 모습을 볼 수 있다. 조직 내에서 엘리트 코스를 밟고 있는 사람이 어느 순간 한직을 맴돌고 퇴출 대상이 되는 사례도 많다. 현실에서도 권력자가 자신이 휘두른 칼에 자신이 베이는 경우가 다반사다.

극단적인 사례로 보면, 부유한 환경의 대학생이 저택에서 혼자서 생활하는 것과 가난한 집안의 대학생이 학교 앞 하숙집에서 여러 사람들과 어울려서 지내는 상황을 비교할 수 있다. '부유한 환경'은 양날의 칼이 될 수 있다. 경제적으로는 여유를 안겨주지만 사회적으로는 외톨이로 전락시킬 수도 있기 때문이다.

Section_ 15
교차 확인하기

쌍방 얘기 들어야 진위 가릴 수 있어 _ 사건 실체 접근도 가능

경찰에서 범죄나 사건·사고를 조사할 때 가해자와 피해자 모두의 얘기를 들어 상황을 종합 판단한다. 교차 확인을 해서 사건의 실체와 진실을 가리는 것이다. 여러 사람의 입장을 들어보고 상황을 종합적으로 판단하면 진실에 접근할 수 있다.

언론사 기자가 특종을 할 때도 한 사람의 제보에 근거하더라도 그 내용을 관련 당사자 등 여러 사람에게서 확인해 보도해야 한다. 그렇지 않으면 오보가 될 수도 있다.

일반 기사에서도 한 단체가 어떤 사안과 관련해 성명을 내면 이 단체의 성명만 보도하는 것 보다는 반대 측의 의견을 넣어주면 기사의 완성도가 높아진다. 객관성을 요구하는 신문·방송 기사는 비판을 받는 사람의 해명이나 주장을 포함시켜야 균형 있는 기사가 된다.

발표 사항도 대칭적인 관계에 있는 사람과 조직의 주장을 넣어주면 기사의 퀄리티가 높아진다. 사회 갈등을 지켜볼 때도 양 당사자의 주장을 함께 살펴봐야 적확한 판단을 내릴 수 있다. 법정에서도 양측의 입장을 세세히 듣고 판결을 내리는 것이다.

● ● ●

일상에서도 자녀 중 오빠와 여동생이 싸웠을 때 딸 얘기만 듣지 말고 아들 얘기도 함께 들어야 한다. 상대적 약자인 딸을 위한 유리한 판정은 얘기를 다 들은 다음 내릴 수 있다. 조직 사회에서도 한 사람의 말만 듣지 말고 당사자 모두의 얘기를 들어야 결정이나 판단이 존중을 받는다.

Section_ 16
반대로 해석하기

현상, 명확 분석 가능하기도 _ '거꾸로 대응하는 사람도'

밴드나 카톡 등 SNS에서 친한 친구가 빈정대는 걸 "애정을 반대로 표현한 것"으로 해석해야 할 때가 있다. 연인이나 친한 친구에게 자신의 마음을 반대로 표현하면서 사랑과 우정이 깊어지는 것이다. 하지만 상대의 표정이나 말투를 눈으로 직접 확인할 수 없는 SNS에서는 농담이 진담으로 여겨져 큰 오해를 사기도 한다.

"죽어도 아니 눈물 흘리오리다…"라는 어구를 "눈물을 펑펑 쏟겠다"는 말로 해석하기도 한다. 오히려 눈물을 더 격하게 흘리겠다는 의미로 풀이하기도 한다. "비리는 덮을수록 커진다". "논란은 만질수록(관심을 기울일수록, 축소하려 할수록) 커진다" 등의 어구는 반대로 행동할 것을 주문한다.

∴

반응을 거꾸로 보이는 사람도 있다. 늘 그런 사람이 있고 때때로 그런 사람이 있다. 반대로 대응하는 것이 효과를 거둔 적이 있기에 이를 되풀이하는 것으로 볼 수 있다. 반대로 대응하면서 자신의 심리 상태나 심중의 카드를 감춰 실익이나 명분을 확보하기도 한다. 좋아하면서도 화내고, 화가 나지만 좋아하는 표정을 짓는다. 상대는 잘 해석해야 한다.

   어떤 행동이 분명히 실수·실책으로 보이는데 전화위복이 되기도 한다. 위기가 (성공·발전의) 기회가 되고, 성공의 정점이 몰락의 시작이라고도 한다. 반대로 해석해야 할 때가 있다는 것이다. 어떤 사건에서는 가해자가 피해자로 둔갑하기도 한다. 경찰 조사에서 피해자가 가해자로 밝혀지기도 한다.

designed by Freepik.com

Section_01
'반대 급부' 군침

대가 노리고 압박 가하기도 _ '숟가락 얹기' 전략

 예컨대 정부가 신사업 대상지를 공모할 때가 있다. 이와 관련해 오랫동안 준비해 온 A시가 신청을 했고, 언론에서도 이 도시가 유력한 대상지라고 보도했다. 이에 인근의 B시가 지역의 강력한 유치 여론을 내세워 신청서를 제출했다. 또 다른 C시도 지역 출신의 정치권 유력 인사를 믿고 신청했다. 하지만 B시와 C시의 속셈은 반대급부를 노린 것이라는 분석이 나왔다. 공모에 탈락하더라도 숟가락을 얹어 놓음으로써 정부가 다른 사업을 밀어 주거나 지역에 내려 보내는 교부금(지원금)을 늘리도록 압박을 가한 것이다.

・・・

 나라 사이에도 이 전술은 활용된다. 영토 분쟁과 관련해 한 나라가 다른 나라에 대해 자국의 땅이라고 주장하기에는 명분이 약한 곳에 대해 "자신의 영토로 포함시킬 수 있다"는 언질을 할 수 있다. 이러한 주장을 한 국가는 다른 것을 반대급부로 얻어 내기 위해 영토 분쟁을 압박용으로 활용했을 수도 있다. 일상에서도 정치인 등이 논란이 벌어지면 자신의 입장을 개진하면서 존재감을 드러낸다. 숟가락을 얹는 것이다.

일례로 A씨가 강남지역의 공천을 따내고자 한다. B씨는 강동지역의 공천을 얻고자 한다. B씨는 강남에 영향력을 행사할 수 있는 위치에 있다. 이때 A씨는 강동에 공천을 신청할 것처럼 행동하면서 B씨로 하여금 자신을 지원하도록 한다. 그래서 A씨는 강남 공천을 따내고, 강동 공천 신청 얘기는 '헛소문'이라고 밝힌다. A씨가 강동에 숟가락을 얹어 놓음으로써 소기의 목적을 달성한 셈이다.

건설 공사 등의 수주와 관련해 숟가락을 얹어 놓고 낙찰이 유력한 업체를 압박해 다른 것을 얻어내는 사례도 있다. 이 전술은 기업체를 포함해 음식점이나 부동산 중개업소 등 개별 업소에서 영업 전략으로 활용된다.

Section_ 02
존재감 과시하기

일부러 일 만든 뒤 개입해 해결 _ '비즈니스 현장 빈번'

어떤 사람이 A와 B사이에서 관계를 조정하면서 커미션(수수료·수고비)을 챙긴다. 그러다가 A와 B가 가까워져 자신의 존재감이 희미해져 가는 느낌을 받게 된다. 이러한 상황에서 자신의 존재감을 양쪽에서 느끼도록 해야 한다는 생각을 가지게 됐다. 이에 따라 A와 B가 완전히 틀어지지 않을 정도로 해서 사이를 벌려 놨다. 그런 연후에 자신이 개입해서 둘을 화해시키고 종전과 같이 커미션을 자연스럽게 챙겼다.

어떤 사안이나 사람들과의 관계 속에서 일부러 피해를 노정시키고 자신이 개입해야만 일이 해결되도록 하는 전략이 종종 활용된다. 자신의 필요성을 각인시키는 것이다. 일이 안 되도록 어렵게 해서 본인이 필요하게끔 한 뒤 일을 해결하고 존재감을 과시하는 것이다.

• • •

영업 현장에서 A가 B를 하청업체로 삼아 부품을 구입했다. 여기에 C가 역할을 했다. B는 C에게 늘 고마워하고 술이나 밥을 대접하면서 선물도 자주 했다. 어느 순간 B가 C의 존재가 거추장스러워졌다. 이때 B는 C와의 관계를 끊고 '홀로서기'를 시도할 수 있다. 이때 C는 존재감을 나타낼 수 있는 전략을 펼 수 있다.

악조건을 고의로 만들어서 편들어주고 환심을 산 뒤 사기를 치는 사람도 있다.

Section_ 03
'영업 비밀' 숨기기

세상에서 유일한 생존 무기 _ '떠벌리면 낭패'

TV에서 맛집 탐방 프로그램을 보노라면 일부 유명 음식점에서는 레시피(요리 비법)를 공개하지 않는다. 고깃집에서는 고기를 절이는 방법을 알려주지 않는다. 몇 대에 걸쳐 가업으로 이어온 빵집에서는 제조법을 공개하지 않는다. 과일과 채소를 수확하는 농가에서도 비법을 감춘다. 유명 치킨 프랜차이즈도 수년 혹은 10여 년에 걸쳐 개발한 비법을 공개하지 않는다. '영업 비밀'은 자신이 세상에서 생존할 수 있는 유일한 무기일 수도 있기 때문이다.

• • •

영업 비밀을 흘리면 남들이 주워간다. 언론사 기자들도 특종을 취재하게 되면 다른 언론사 기자들이 알지 못하도록 비밀리에 한다. 법조나 서울시 등 취재 경쟁이 아주 치열한 기자실에서는 출입기자들이 화장실에 갈 때나 잠시 자리를 비우게 되면 노트북을 반쯤 덮어놓는다. 뒤편에 앉은 기자가 화면을 볼 수 없도록 하기 위해서다.

영업 비밀이 누설되면 경쟁에서 이기기 어렵다. 카드놀이를 할 때 자신의 카드를 보여 주면 게임은 이길 수 없다. 영업 비밀을 떠벌리면 누군가가 이용하고 그로인해 낭패를 당할 수 있다. 술자리 등에서 영업 비밀을 스스로 갖다 바치는 사람도 종종 목격된다. 어리석은 행동으로 치부될 가능성이 크다.

영업 비밀을 자발적으로 공개하는 사람도 있다. "보다 많은 사람들이 맛있는 음식을 먹을 수 있도록 하기 위해서"라는 명분으로 자신만의 고유한 레시피를 세상에 퍼뜨리는 것이다. 저작권이나 특허를 스스로 포기하는 사람·기업도 있을 수 있다. 예외적인 사례라고 할 수 있다.

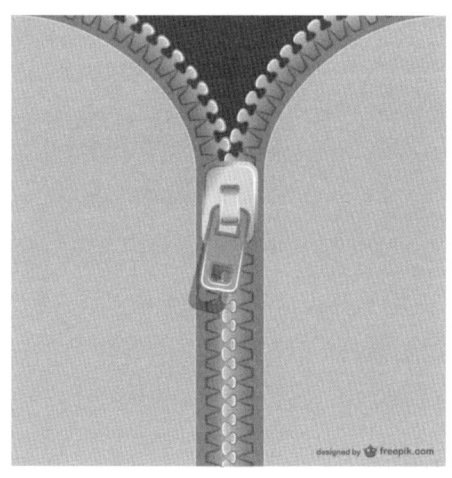

Section_ 04

'온라인' 홍보 · 마케팅

'대세'로 자리잡아 _ '고가 마케팅'도

온라인 홍보가 오프라인 홍보를 압도하고 있다. 마케팅 또한 온라인 마케팅이 '대세'로 자리잡고 있다. 온라인 홍보와 온라인 마케팅 방법은 여러 가지가 거론되고 있으나 최근에는 SNS(소셜네트워크서비스)가 주요 방편으로 꼽히고 있다. 페이스북, 유튜브, 트위터, 네이버, 다음, 카카오스토리, 티스토리, 구글 등이 홍보와 마케팅의 중요한 수단이 되고 있는 것이다.

페이스북은 친구를 많이 맺고 다양한 그룹에 가입하는 것이 좋다고 한다. '도달률'을 높이기 위해서는 재미있고 독특한 영상이나 사진, 글이 필요하다고 한다. 아울러 '좋아요' '댓글'이 많으면 많은 이들에게 알려진다고 한다. 홍보 · 마케팅을 위해 너무 많은 게시물을 올리면 오히려 효과가 감소된다고 한다. 따라서 '똑똑한' 게시물 1건을 올려서 많은 그룹 등에 배포해 '좋아요' '댓글'을 유도하는 것이 좋다고 한다.

트위터는 팔로윙을 적극적으로 하면서 팔로워를 늘려가고, 주위 친구나 지인을 통해 리트윗이 활성화되도록 하는 것이 좋다고 한다. 네이버·다음의 블로그·카페는 우수 블로그·카페를 '따라하기' 하는 게 효율적이라고 한다. 실시간 검색어와 직장인·대학생 등 그룹별 검색어 등을 눈여겨보면 '트렌드(유행)'를 꿸 수 있다고 한다. 페이스북이나 유튜브, 트위터, 블로그, 카페 중에서 1가지에 집중할 수도 있고, 6~7개를 동시에 활용할 수도 있다.

유명메이커(명품) 업체가 제품 가격을 터무니없이 올릴 때가 있다. 이에 대해 '고가 전략'으로 부유층 고객을 끌어 모으기 위한 것이라는 분석이 나온다. 이 분석은 가격이 오르면 물품의 '희소성'이 증대되고 이에 따라 '과시성' 소비를 하는 일부 사람들이 오히려 비싼 물품을 더 구매한다는 심리를 역이용한 것으로 보는 것이다.

고가 전략을 많이 편다. 가격이 높으면 물건이 좋다는 무의식적인 믿음을 이용하는 것이다. 잘못된 '고정관념'을 이용하는 것이다.

Section_ 05
'비즈니스=논리'

마케팅 · 영업 · 장사는 온갖 논리 향연장 _ '처절한 생존 현장'

여름철 어느 가게에서 빙수(빙설) 광고를 하면서 "1만 3천 원짜리를 1만 원에 판다"고 플래카드를 내건다. 손님은 빙수의 가격이 1만 원 짜리인지 1만 3천 원짜리인지 파악하기 쉽지 않다. 하지만 이 빙수를 먹는 손님은 3천 원의 이득을 본다는 느낌을 가질 수 있다.

일단 손님들의 발길을 끌어 들이는 게 장사의 첫 번째 단계이다. 백화점, 할인점, 시장 등에서 "입어만 보세요"라고 손님의 팔을 끌어 당긴다. "먹어만 보세요. 맛이나 보세요. 맛있어요. 정말 맛있어요"라면서 시식 음식을 내놓는다. 손님을 잠시나마 업소에 머물게 하는 것이다. 관광지 식당가에서는 주차장에 차량을 일부러 많이 주차시킨다고도 한다. 지나가는 운전자들에게 보이기 위한 것이다. 부동산 중개업소 창문에는 "매물 다량 보유"라는 광고 문구가 붙어 있다. 이 문구를 보고 업소 문을 열고 들어오라는 것이다.

어떤 조그만 서비스에 "수고비를 안 받는다"며 선심을 쓰기도 한다. 진짜 선의로 수고비를 안 받을 수 있지만, 이는 큰 것을 팔기 위한 사전 단계일 수 있다. 조금씩 신뢰를 쌓은 뒤 고가의 물건을 판매하거나 단골로 확보해서 지속적으로 장사를 하겠다는 것이다. '한정판'이라고 선전·광고하면서 물품을 판매할 때도 많다. 구매자에게 많은 생각을 하기 보다는 재빠른 선택을 할 것을 요구하는 것이다.

마트에서 이튿날 휴무를 하는데 휴무 전날 밤에 유통기한이 얼마 되지 않는 먹거리를 사러 간 사람이 "이 거 신선한 거예요. 방금 나온 거예요"라고 물으면 판매원은 "방금 마련한 거예요. 방금 요리한 거예요"라고 말할 수 있다. 판매원으로서는 당연한 답변이자 마케팅 전술이다. 판매원이 "오래 전에 만든 거예요. 신선하지 않아요"라고 답하지는 않는다. 질문이 잘못됐을 수 있다.

Section_ 06
미끼 던지기

처음엔 져 주고 나중에 왕창 털어 내 _ '쥐도 새도 모르게 덫 설치되기도'

　도박판에서 고수들은 하수에게 약간의 이득을 취하도록 미끼를 던져준다. 작은 승리에 도취되도록 만드는 것이다. 하수가 자만심을 갖게 되고 방심하게 되면 크게 우려낸다. 일부러 처음에는 져주고 나중에 왕창 털어 내는 것이다. 하수를 요리하는 전법이다. 하수는 손쉬운 쟁취에 취해 큰 손해를 보는 셈이다.

　낚시에서 지렁이 같은 미끼를 던져서 큰 고기를 낚는다. 고기는 지렁이가 미끼인지 모른다. 일상에서도 미끼를 무는 쪽에서는 그것이 미끼인지 모르는 것이다. 검경에서 사법 처리하는 비리 인사들은 선물이나 뇌물이 미끼인지 구별을 못했을 경우가 종종 있다.

· · ·

　반대로 보면, 미끼를 던지는 쪽에서는 쥐도 새도 모르게 던져야 효과가 있다. 선물이나 뇌물을 건네면서 "작은 정성입니다. 아이들 과자나 사 주세요"라고 한다. 미끼를 물도록 하는 것이다. 상대가 차츰차츰 맛들이면 액수를 점차 높여 간다. 그 후 자신이 원하는 바를 청탁하고 상대를 이용하는 것이다.

마케팅이나 상술에서는 미끼 상품을 던진다고 한다. 제값보다 저렴해 보이는 미끼상품을 내걸고 고가상품을 함께 판매하는 전략이다. 어느 음식점에서는 밥이나 국수 종류를 저렴하게 판다고 광고하면서 실제로는 요리류를 함께 판매한다. 밥이나 국수를 먹으러 온 손님은 요리류도 함께 주문하는 경우가 많다는 것을 노린 것이다.

Section_07
'계약서는 종잇장(?)'

국제협약 파기하고 국가생존 도모하기도 _ '약속깨고 살아남기'

국가 대 국가의 약속인 조약과 국제협약도 한 국가가 위급한 상황에 처하거나 존망 기로에 봉착할 땐 깨질 수밖에 없다. "국제협약을 몇 개 깨는 것은 식은 죽 먹기보다 쉬울 때도 있다"고도 한다. 협약을 체결할 당시에는 항구적인 약속이고 그 효력은 무한할 것 같지만 깨지는 것은 순간인 것이다.

협약을 깬 나라는 "국가 존립의 위기가 닥쳐 어쩔 수 없었다"고 해명한다. 협약을 지킴으로써 국가 안위에 큰 문제가 발생하고 많은 자국민이 희생될 소지가 있으면 어떠한 사후 책임도 감수하고서라도 협약을 깨는 것이다. 하나의 공동체인 국가의 생존 방식인 셈이다.

∴

굳건한 신뢰가 생명인 국가 간의 관계도 이러한데 개인이나 기업, 기관 간 약속은 언제든지 '헌신짝'처럼 내팽개쳐 질 수 있는 것이다. 계약서가

한낱 종잇장에 불과할 때도 있다.

 강대국은 협약 등 사소한 원칙은 몇 개 깰 수 있고 위반할 수 있다고 보고 행동하기도 한다. 약소국이 이것만 믿고 있으면 국가를 잃어버리고 민족이 말살될 수 있다. 강대국이 자신의 나라가 큰 손해를 보고 국제 사회에서 주도권을 잃을 수 있다는 판단을 하면 협약을 깰 수 있는 것이다. 조약이나 계약 사항은 언제든지 무효화될 수 있다는 걸 염두에 둘 필요가 있다. 절대시해서는 안 된다는 의미다.

Section_08
'엄살'의 경제학

불리한 상황 피하고 시기·질시 막고 _ '더 가지기 위한 논리'

불경기 때 어느 대기업이 한 분야에서 큰 수익을 보고 다른 분야에서 작은 손해가 났을 때 언론에 작은 손해가 난 것을 부각시킬 수 있다. 당국이나 여론, 언론의 과도한 관심을 벗어나기 위한 전략이다. 영업 실적이 좋지 않은 다른 기업들의 시기·질시를 피하기 위해 몸을 낮춘 것일 수도 있다.

···

주위에서 보기에 잘 나가는 기업이 엄살을 떨기도 한다. 뭘 더 가지기 위한 논리라고 볼 수도 있다. 해당 업종에서 독보적인 1위를 고수하면서도 다른 업체들의 추격이 만만치 않다고 엄살을 떤다. 외국 기업과 비교하기도 한다. "독과점", "불공정 경쟁" 따위의 비난을 없애기 위한 전략일 수도 있다.

남들이 보기에 사회적 위상이 높고 재산도 적지 않은 사람이 엄살을 떤다. 일상이 늘 (따뜻한) 봄날이면서 "봄날은 언제 오나"라고 노래를 부른다. 많은 것을 쥐고 있는 사람이 더 가지려고 하는 것이다. 재물이나 권력이 있는 사람이 앓는 소리를 많이 한다고 한다. 다른 사람의 경계심을 누그러뜨리는 효과를 겨냥한 것일 수도 있다.

정치권에서 다른 정당이나 시민단체 인사가 약간의 비난이나 비판을 했을 때 과잉 대응을 하는 정치인이 있다. 비난이나 비판이 과도하다고 생각할 여지가 있으면 "(자신을) 죽이기 위한 것이다. 저주를 퍼붓는 것이다"라며 엄살을 떤다. 상황을 유리하게 돌려서 비난이나 비판을 아예 불식시키겠다는 의도다.

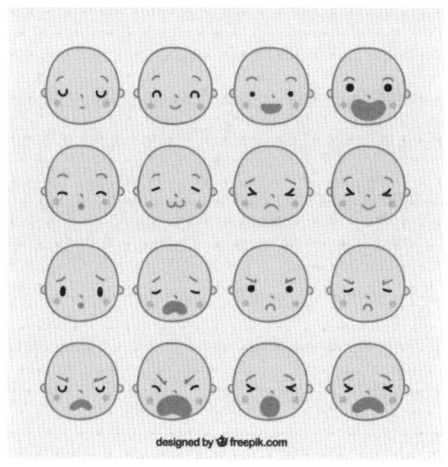

Section_09
'기브 앤 테이크'

'많이 주고, 많이 받기' 전략 _ TV광고 등 어떻게 관심·호기심 일으키는지 따져보면 유익

백화점에서는 '30만 원 이상 구매 시 1만 원짜리 상품권 지급'이라고 미끼를 던진다. 주차난이 심한 곳에서는 무료 주차가 가능하다고 한다. 080 무료주문전화를 설치해 고객들의 주문을 유도한다. 홈쇼핑업체에서는 자동 주문을 하면 일정액을 할인해 주기도 한다.

휴대폰 가게는 액정필름을 무료 교체해준다면서 손님을 끈다. 상담만 받아도 사은품을 준다고 한다. 케이블업체에서는 "TV와 인터넷, 전화 결합상품은 3년 약정을 하면 가입비를 면제해주고 상품권도 준다"고 한다. '가장 빠른 인터넷'이라고 광고하기도 한다. 케이블을 신청하면 무료 영화를 2~3개 관람할 수 있는 코인을 주기도 한다. 은행과 카드업계에서는 포인트를 현금처럼 사용할 수 있도록 한다. 이는 '기브 앤 테이크'(give and take) 전략으로 볼 수 있다. 한 단계 더 나아가 '많이 주고, 많이 받기' 전략일 수도 있다.

헬스클럽에서는 요가, 다이어트 프로그램이 무료라고 선전한다. 헬스클럽은 2개월 10만 원이면 9만9천 원이라고 '9만원대'임을 강조한다. 5천 원짜리 물품도 4천 999원에 판매해 '4천 원대'로 싸게 판다는 인식을 심어 준다.

가구점에서는 '모든 가구 반값'이라며 구매자를 유혹한다. 스타킹을 2개 구매하면 1개를 공짜로 준다고도 한다. 식당에서는 공깃밥과 면은 무한리필을 해준다고 한다. 반찬 가게에서는 '1팩 2천500원, 3팩 5000원'이라고 3팩을 사면 1팩을 공짜로 준다면서 구매를 유도한다. '덤을 많이 주는 집'이라고 대놓고 선전하기도 한다. 주류업체에서는 소주·맥주 병뚜껑에 특정 표식을 넣어 이를 발견하는 사람에게 사은품을 주기도 한다.

• • •

길거리에서 흘러나오는 라디오 광고 방송이나 가정 내 TV에 나오는 CF 광고를 유심히 들어보면 '상술'의 다양한 방법이 녹여져 있다. '이 광고는 어떻게 소비자들의 관심을 모으는지'를 곰곰이 분석해 보면 그 방법을 벤치마킹할 수 있다. 신문·방송에 소개되는 우수 기업에 대해 '인력을 어떻게 활용했는지, 기술 개발과 마케팅을 어떤 방법으로 했는지'를 따져보면 큰 도움이 될 수 있다.

Section_ 10
'환심' 사기

깍듯한 응대로 실리 챙기기도 _ '극진 예우' 하기도

기업들이 접대비를 책정해놓고 이를 집행한다. 거래처 사람 등에게 고급 술과 맛있는 식사를 대접하면서 환심을 사기도 한다. 영업 전략의 일환이다. 때로는 속된 말로 구워삶기도 한다. 냉엄한 프로의 세계에서도, 뻔하게 여겨지는 단순한 접대와 감언이설에 쉽게 마음을 열고 넘어가는 사람이 많기 때문이다.

영화나 드라마에 보면, 기업을 하는 사람이 거래처 사람에게 저녁 식사를 대접한 뒤 차로 배웅을 하면서 깍듯하게 머리를 숙인다. 차가 떠났음에도 두 번 세 번 반복해서 머리를 숙이기도 한다. 저녁 장소는 호화스러운 곳이 으레 등장하고 대화도 아부성으로 일관한다. 상대방의 환심을 사고 이후에 편의를 받기 위해서다.

• • •

외국 정상이 방문했을 때 아주 극진하게 예우하면서 환대하는 것도 같은 이치다. 환심을 사 자국의 실리를 챙기려는 것이다. 국제도시에서는 각국 스파이들이 치열한 정보전을 벌이면서 '미인계'를 활용하기도 한다. 상대방을 눈멀게 하고 약점을 잡은 뒤 이용하는 것이다.

　직장 동료 등 상대의 마음을 상하게 했거나 언짢게 했으면 밥·술을 산다. 그렇게 해서 상대의 마음을 돌리는 것이다. 거래 관계에서 환심을 살 때는 능란한 화술로 솔깃한 제안을 하기도 한다. 환심을 사는 행동을 거꾸로 보면, 모두 다 행위자 본인을 위한 것이다. 실리나 명분 등을 챙기는 것이다.

Section_ 11
'갑·을' 역전

실수·실언 하나에 위치 조정 _ '사회계층 오르락내리락'

　노사 대립이나 동료와의 갈등, 부부 싸움 시 상대를 공격하다가 실언 한 마디에 순식간에 수비를 해야 하는 상황으로 바뀐다. 갑과 을이 바뀌는 것이다. 선거운동 기간에는 유권자들이 '갑'이지만 선거가 끝나면 당선자들이 '갑'이 되기도 한다. 당선자들은 다음 선거에서는 또 '을'을 자청한다. 후보자들이 선거운동 기간에는 가족까지 동원해 지하철역 입구에서 상체를 90도 이상 숙여 인사하지만 선거에서 당선되면 자세가 바뀐다.

　우리 사회에서 영원히 갑인 줄 착각하고 있는 사람도 있고 영원히 을인 줄 알고 살아가는 사람도 있다. 자리와 위치는 언제나 바뀌기 마련이다. 갑과 을의 위치를 파악하고, 그 자리가 수시로 바뀔 수 있다는 것을 염두에 둘 필요도 있다. '슈퍼 갑'으로 통하는 사람도 언젠가는 을이 될 수 있고 '슈퍼 을'이 될 수 있다는 것이다. 다른 측면에서 보면, 사회 계층은 올라갈 수도 있고 내려갈 수도 있다는 것이다.

사회생활에서 갑이라고 불리는 인사가 을이라는 사람의 측근이 돼 활동하기도 한다. 을은 갑에게 늘 "지도 편달해 주십시오"라고 부탁하다가 어느새 갑을 부리는 것이다. 관계, 법조계, 언론계, 재계 등에서 쉽게 볼 수 있는 사례다.

어느 기업은 납품업자에게 단가 후려치기 등 부당한 행위를 강요하면서 갑질을 하다가 여론의 뭇매를 맞기도 했다. 열대 과일에 빨대를 꽂으면 맛있는 내용물을 편리하게 먹을 수 있다. 단물을 안정적으로 공급받는 것이다. 을에게서 지속적이고 안정적으로 수익이나 편의를 얻기 위해 '빨대'를 꽂아 놓는 사람도 있다. 후일 곤욕을 치르기도 한다.

Section_ 12
'공짜 점심은 없어'

'끼워 팔기' 다채 _ '횡재인식 심어주기' 역간파

함량 미달이거나 유통 기한이 얼마 남지 않은 물품, 잘 팔리지 않는 물품은 잘 팔리는 물품과 함께 판매한다. '끼워 팔기' 전략이다. 판매자들이 고객 유치의 미끼로 활용한다. 소비자들에게는 공짜를 얻을 수 있고 횡재를 할 수 있다는 인식을 심어주는 것이다.

• • •

사은품을 주는 행사도 백화점이나 홈쇼핑 등에서 많이 한다, 매출액을 끌어올리고 불황을 타개하기 위한 방법이다. 물품 하나를 사면 하나를 더 (원플러스원) 주는 상술도 비슷한 마케팅 기법이다.

물건을 사면 소비자가 유리하다는 생각을 들게 하는 전략이다. 그러나 세상에는 공짜가 없다고 한다. 경제학에서는 "공짜 점심은 없다"는 말도 있다.

금융권에서 대출을 해주면서 보험·펀드 상품 등을 끼워 판다. 은행이나 은행 직원이 혜택을 베풀면서 그만큼 자신들도 덕을 보겠다는 것이다. 마트 등에서 과일을 한 묶음으로 사면 맛있고 괜찮은 것도 있지만 맛이 없는 것도 있다. 좋은 물건에 좋지 않은 것을 끼워서 파는 것이다. 상술이다. 자잘한 일도 따져보면 논리일 수 있다.

Section_ 13
자기 장사와 자기 정치

개인의 발전 욕구 _ '밥 먹자는 것도 본인 위한 것일 수도'

　가령, 대통령 선거를 앞두고 지역구 국회의원이 자기 지역에서 열심히 사람을 만난다. 이를 두고 곧이어 치러지는 총선에 대비해 '자기 장사'를 한다는 분석이 나왔다. '자기 정치'를 했다는 것이다. 어느 사람이 공적인 역할을 하지만 세세히 뜯어보면 자기 자신의 이익을 위해 움직일 때가 많다. '자기 장사'를 하는 것이다. 개인의 발전 욕구로 여길 수도 있다.

　판공비 등으로 간담회를 열어 밥을 사는 것도 주최자가 자기 장사를 하기 위한 것이다. 직장에서 동료나 선후배 직원간에 "밥이나 먹자"고 하는 것도 자기 장사를 하기 위한 것일 수 있다. 사람을 만날 때 허리를 90도 숙여서 인사하는 것도 자신을 위한 것이다.

　밥사고 술사고 하는 게 다 자신의 목적을 위한 것일 수 있다. '접대의 논리'이기도 하다. 하나를 투여해서 열 개를 뽑아내는 것이다. 만남이나 모임, 회동을 제안할 때는 "그동안 적적했는데…"라면서 인간적으로 접근

한다. 그런 연후에 업무적인 문제를 부탁해 '가볍게' 해결하는 것이다. 친구와의 만남 등 여타 인간관계도 마찬가지로 적용될 수 있다.

팀 차원에서 공동의 프로젝트를 추진할 때가 있다. 공동 작업을 하면 기여도가 높은 사람이 있고 낮은 사람이 있기 마련이다. 기여도가 높은 사람은 자신의 노력을 외부에 눈에 띄도록 포장하며 자기 장사를 하기도 한다. 자신의 역할을 강조하는 것이다. 과도하면 주위의 비판을 초래할 수 있다.

Section_ 14
몸값 높이기

주위에서 서로 끌어들이도록 경쟁 환경 조성 _ '과도하면 부작용'

대기업들이 유망한 중소기업을 경쟁적으로 인수하려고 할 때 이 중소기업은 외국 업체의 인수 가능성을 내비치기도 한다. 스스로 몸값을 높여 협상 과정에서 인수 자금을 많이 받아 내겠다는 전략이다. 인수를 하고자 하는 업체들에게 몸이 달도록 하는 것이다.

예컨대 지정학적으로 중요한 위치에 있는 한 약소국이 주변 강대국의 틈바구니에서 살아남아야 하는 상황에 처할 수 있다. 이때 약소국은 주변 강대국들이 서로 동맹으로 끌이도록 경쟁을 붙일 수 있다. 스스로 몸값을 높이는 것이다. 하지만 강대국 사이의 역학관계 분석에 실패하거나 강대국들이 서로 협잡하면 큰 코 다칠 수도 있다.

• • •

몸값 높이기는 상대나 주위의 반응을 잘 보면서 해야 한다. 그렇지 않으면 반발이 일고 자신의 몸값이 오히려 추락할 수 있기 때문이다. 주위에

과도하게 경쟁을 붙이면 오히려 부작용을 초래할 수도 있다. 자연스러운 상황 창출이 큰 이득을 가져온다.

선행 베풀기..본인 경쟁력 높여 _ '착한 척 하기도'

선행과 보시, 자비를 베푸는 사람이 흐뭇함과 뿌듯함을 느낄 때가 있다. 주위로부터 높은 평가를 받을 수도 있다. 주는 것보다 더 받을 수 있는 것이다. 당사자의 경쟁력을 제고 할 수 있는 수단이 될 수도 있다.

● ● ●

다른 사람을 고려하는 배려도 마찬가지다. 배려하는 입장에서는 대수롭지 않은 것으로 여기는 일도 배려를 받는 당사자는 큰 은혜로 생각할 때가 적지 않다. 예절이나 예의바른 행동도 주변 사람의 호의를 얻어내 자신에게 플러스가 된다. 뒤집어보기의 일환일 수도 있다.

그러나 선행이나 배려의 효과를 알고 착한 척 하는 영악한 사람도 있다. 신입사원 등이 굉장히 착한 모습을 보일 때가 있다. 착한 척 하는 것은 뭘 얻어내기 위해서다.

Section_ 15
'과잉' 표현

'너~무 너~무 좋아요'_ 마음보다 그 이상 표현해 '득점'

성격이 밝고 쾌활한 어느 젊은 여성은 친구들과 헤어질 때 두 손을 열렬하게 흔들며 아쉬움을 표한다. 한 손을 흔들고 작별 인사를 해도 되는데 매번 두 손을 흔든다. 마음보다 그 이상을 표현하면서 자신의 '메시지'를 강조하는 것이다. 그럼으로써 상대에게서 호감을 얻어내기도 한다.

약간 좋은 상황에 대해 "너~무 너~무 좋아요"라고 한다. 약간 고마울 때도 "고맙습니다"를 연발한다. 기쁜 마음이 들면 "너~무 너~무 기뻐"라고 하면서 넘어갈 듯한 모습을 보인다. 영화에 재미있는 장면이나 코믹한 장면이 나오면 자지러진다. 약간 반가운데도 "너~무 너~무 반가워"라고 한다. 개인 캐릭터일 수도 있다.

어느 커피전문점은 흡연실을 "흡연자의 천국"이라고 안내문을 달아놓았다. 접시에 물이 넘치면 "홍수났네"라고 말하는 사람도 있다. 과장 표현이다. 어떤 젊은 남성은 이성 친구를 만날 때마다 "널 만난다는 생각에

잠까지 설쳤어"라고 너스레를 떨며 상대를 기쁘게 해준다. 백화점이나 대형 할인점에서 과잉 친절을 베풀기도 한다. 말이나 눈빛, 표정으로 손님의 마음을 맞추려고 한다. 이러한 과잉 친절은 고객의 구매 심리를 자극해 물품을 사도록 한다. 마케팅 기법이다.

• • •

과잉 표현을 오인하고 상대가 '오버'를 하기도 한다. 남녀 관계에서 약간의 관심을 갖고 있는데 상대방이 큰 감정에 빠진 듯이 오해하기도 한다. 오버를 하면 오류에 빠질 수 있다. 표현하는 사람의 캐릭터를 잘 파악해야 할 때가 있다. 일상에서 과잉 해석하는 상대에게 "오버하지 말라"고 핀잔을 주기도 한다.

Section_ 16
'부풀리기' 판단

이익·명분 확보하는 데 활용 여부 구분 _ '뻥튀기' 사례도

어떠한 사실을 소개하거나 전달할 때 실제 내용보다 과장해서 말할 때 부풀리기를 했다고 한다. 실제 비용보다 많은 액수를 지출로 잡아 그 차액을 비자금으로 만들 때 부풀리기를 했다고 비판한다. 부풀려서 합법 또는 비합법적으로 이득을 챙기는 것이다.

광고나 CF에서 부풀리기 수법이 활용되기도 한다. 제품의 성능과 품질을 잘 소개해서 소비자의 관심을 끌어야 하는 것이 광고의 목적이다. 하지만 일부 광고는 과대 광고를 하고 환상을 불어넣어 소비자를 현혹한다. 합리적으로 수용 가능할 정도로 포장하는 것이 아니라 실제 내용을 '뻥튀기' 하는 것이다. 이러한 광고는 당국으로부터 제재를 받기도 한다.

한 개인이 비밀스러운 내용을 혼자서만 알고 있을 땐 사실을 부풀리는 경향이 있다. 비밀의 값어치를 높이려는 의도다. 사실을 크게 부풀려 '침소봉대' 하기도 한다.

어떤 내용을 언급한 데 대해 상대가 부풀려서 해석할 수 있다. 이때 "확대 해석하지 말아달라"고 당부한다. 그러면서 "원론적인 차원에서 한 말이다"고 단속한다. 기자간담회나 기자회견에서 흔히 볼 수 있는 대화 장면이다. 소문은 퍼지는 과정에서 "확대 재생산된다"고도 한다. '확대'라는 말을 집어넣어 여러 용도로 사용하기도 한다.

뇌섹남 이야기 1

발행일   2015년 9월 16일   초판   1쇄

지은이   **문성규**
표지 · 본문 이미지 제공   **Freepik.com**
발행처   **센서블뉴스**

서울시 서대문구 신촌로 109
전화 **02-777-3756**   팩스 **02-777-3739**
sensiblenews.co.kr

Copyright (C) 센서블뉴스, 2015, Printed in Korea.

ISBN   979-11-952778-4-1
ISBN   979-11-952778-7-2 (세트)

정가 **11,000 원**